プロ野球「カネとタブー」

別冊宝島編集部 編

宝島
SUGOI
文庫

宝島社

Contents

第一章 球界のタブー

第二章

球界の金の卵

Contents

第一章

球界のタブー

ID野球のルーツ、ここにあり

プロ野球版スパイ大作戦

好投手から得点を挙げるのは容易なことではないが、投手の球種がわかっていれば得点する確率は格段にアップする。球種を知るためにはどうしたらいいか？ バッターボックスでキャッチャーのサインを覗き見するのも一つの手だが、先人たちはさまざまな手段を講じて相手バッテリーのサインを解読し、バッターへと伝達していたのだ。

文／場野守泰

伝説のバックスクリーン3連発の裏事情

ある球界事情通が、タイガースフィーバーに沸いた1985年の阪神の内幕について語ってくれた。

「あの頃、甲子園のベンチの一番奥の部屋にテレビ受像機が4台あって、全部相手のサインを映していたんです。阪神の攻撃のときには、ある代打専門の選手なんかが解読をしていました」

そしてファンの間では今でも語り草となっている、巨人戦のバックスクリーン3連発についてこう話してくれた。

「もちろんあの試合でも、ジャイアンツバッテリーのサイン交換を解読していました。ただ3連発のうち、掛布はその球種情報を見ずに打ったそうです。普通に勝負しました。バースと岡田のふたりは、巨人の槙原が次に何を投げるのかしっかりと頭に入れて打ったんです」

高価な機材を導入するなどあらゆる手を尽くして、相手の作戦や球種を自らの知るところにしようとするスパイ行為。今では完全な禁止事項だ。しかしそうしたことが行われていたのは、まぎれもない事実である。本レポートでは、70年を超える日本プロ野球の陰の歴史のひとつであるスパイ行為について、取り上げることにしたい。

グー、チョキ、パーだけ読まれていた単純サイン

スパイ行為。これが球界で行われるようになったのは、70年頃のことであった。セ・リーグよりもパ・リーグ。とりわけ阪急と南海が熱心に取り組み、熾烈な情報戦が繰り広げられたという。

当時の阪急の監督は西本幸雄であった。西本が阪急を指揮するようになった2年目の64年に、アメリカ人のダリル・スペンサーが入団した。スペンサーは、アメリカメジャーリーグのドジャースなどで培った経験に基づく「考える野球」を阪急に伝えている。「考える野球」とは1点を取る、あるいは守るためにはどうすれば効率がいいかを徹底して追究したもので、チームプレーこそが野球を制するという「ドジャース戦法」と呼ばれたものだ。今の野球では当たり前のことだが、当時としては画期的な戦法であった。

一方の南海の当時の監督は野村克也だ。正捕手を続けながら、70年からプレーイングマネージャーとしてチームを率いていた。そのときの参謀がドン・ブレイザーである。ブレイザーは67年に南海に入団して3年間プレーをしたあと、野村の監督就任に合わせてヘッドコーチとなっていた。このブレイザーが、南海と野村にアメリカ流の「シンキング・ベースボール」を伝えたのだ。

こうして両チームは各々の外国人助っ人から、勝利するためには効率よくチームプレーをするべきだということを学び、あらゆる情報を手にしたものが勝利者になれるということを強く意識するようになった。そうした背景があって、大掛かりな機材を使ったスパイ行為などで情報を入手する道へと進んでいったのである。

71年にルーキーながら東映で26試合に登板した江本孟紀は、そのシーズンオフにトレードで南海に移籍したとき、監督の野村にこう言われている。

「お前、グー、チョキ、パーだけやな。まあほとんど、グーとチョキだけやろう。何で知ってるか、お前わかるか？」

機材を使ってサイン交換を覗いていたと聞かされ、江本はびっくりしたという。

「東映のときのサインは、真っすぐがグー、カーブがチョキ、フォークがパーと、これだけでした。南海には球種がみんなバレてたんですよ。ショックでしたね」

指で作った卑猥な形まで相手ベンチにバレていた！

そして自身の南海時代のこととして、次のように語ってくれた。

「大阪球場では、相手のキャッチャーが覗かれているかどうかを確認してきたりもしました。当時阪急の正捕手だった岡村さんとかロッテの村上さんなんか、うちが覗いてるのを確認するために、指で卑猥な形を作ったサインを出すんです。そうすると、それを盗み見ていたベンチで笑い声が上がるんですよ。そのときに岡村さんらは、マスクを上げてこちらを向いてニタァーッと笑うんです。その瞬間、笑い声が止みました」

また阪急の西宮球場で、南海側が試してみたことについてもこう話してくれた。

「三塁側のうちのベンチの隅のほうで『西本のバカ!』なんて言うと、一塁側ベンチの中に、こちらから見てて明らかに態度でわかるほど反応するやつがいました」

別のプロ野球関係者は、その阪急のスパイ行為についてこう証言してくれた。

「西宮球場のスコアボードの中に、サイン専門の解読班が5人いました。穴の中から望遠鏡でキャッチャーの出すサインを見て、読み上げる役が1人。『4、2、1、3』とか声に出して言います。すると3人はそれを聞いて、すぐさま何の球種かを解読します。例えば『カーブ』『カーブ』『カーブ』と、3人は自分の解読結果を声に出すんです。もう次のボールはカーブで間違いありませんから、あとの1人はそれを即座にベンチへ送っていたんです」

再び江本の話だ。

「西宮球場では3球投げたら、もうバレてましたよ。野村さんとミーティングしては、どうするどうすると、いつも悩んでましたね。ノーサインでやろうとしたこともあったんですが、ランナーが出るとパスボールの危険があるんで続けられない。頭がグラグラして、自分のピッチングがどうのとか、コントロールがどうのとか、そんな状態じゃなくなってました」

こうなるともちろん、効果は絶大である。それぞれの本拠地球場では盗みたい放題で球種や作戦を把握し、次のプレーに活かしていたわけだ。その上この江本―野村バッテリーのように、悩んで投球に影響が出てくれればしめたものである。

カープ初優勝を陰で支えた南海仕込みのスパイ戦術

この2球団を中心に、パ・リーグでは70年頃からスパイ行為が行われていたが、セ・リーグの球団に導入されたのは、それから数年経ってからのようである。最初にいつどこが始めたのかという確証は残念ながら得られなかったのだが、確実にそれを活かして成功した球団は特定できた。75年にリーグ初優勝を成し遂げた広島である。

この年の広島は、日本球界初のメジャーリーグ出身監督であるジョー・ルーツが率いていたが、開幕からわずか15試合で辞任。2日間だけの代理監督となった野崎泰一を挟んで、古葉竹識が監督に就任した。古葉は58年のプロ入り以来、広島で活躍していたが、70年に南海へ移籍。2年間選手として野村のもとでプレーしたあと、72年からの2年間は守備コーチを務め、73年の南海リーグ優勝に貢献していた。この南海に在籍した4年間で野村野球をしっかりと学び、情報戦にも精通していたのだ。古葉は監督に就任するなり古巣の南海から資料を取り寄せ、南海の解読班に教えを請うたという。

ある球界関係者は、広島の内幕についてこう話してくれた。

「ベンチ裏からスコアボードまで、密かに長いコードを誰にもわからないように引っぱり、スコアボード裏で捕手のサインを解読する専門家が、次は真っすぐとかカーブとかという信号を、スイッチひとつでベンチ裏にまで伝わるように細工してありました」

別の事情通はこう語ってくれた。

「間違いなく古葉さんは、南海時代の経験からスパイ行為を導入して結果を残しました。その最も顕著な例が山本浩二ですよ。入団1年目からレギュラーとして出ていましたが、プロ6年間で3割を打ったことがなく、74年の・275が自身のシーズン最高打率でした。それが7年目の75年に突如打ちはじめ、・319で首位打者を獲得。初の30本塁打も達成してセ・リーグMVPになりました」

さらに別の事情通は、思い浮かべてほしいのですがと言って、次のように話してくれた。

「山本浩二と衣笠は広島球場でのホームラン数が異常に多かったんですが、それは当然、スパイ行為と関係があります。ただ人間のやることなので、解読を間違えることもありました。そんなとき、例えばアウトコースのスライダーと決めつけて踏み込んだのに、インコースのシュートだった場合は当たってしまいます。間違えたような身体の動きで、デッドボールになったシーンが見受けられたでしょう」

勝つための情報の大切さを南海で学んでいた古葉は、広島で自らがチームを率いることになったとき、それを活かして初のリーグ制覇という偉業に結びつけたのだ。

剛腕鈴木にフォームを変えさせたクセ読みの名人野村克也

大掛かりな機材や多くの人数を割いて行うことだけが、相手の作戦や球種を知る唯一の方法ではない。ちょっとした仕草に出るクセを読むことによって、それを知ることもできる。それが得意だった人物として、やはり野村克也の名が聞かれた。再び江本の話だ。

「阪神の試合を野村さんとテレビで一緒に見る機会があったんですが、そのときマウンドで投げていた江夏のボールを、野村さんは全部当てるんですよ。何でわかるのか聞いたら、『クセだよクセ。全部出てる』とね」

さらに当時の近鉄のエースだった鈴木啓示についても、見抜いていたという。

「鈴木は高卒1年目にいきなり10勝を挙げると、2年目からずっと20勝以上挙げてたんです。5年続いたのかな。しかし7年目は20勝できず、しかも負け数が上回った(14勝15敗)。次もその次の年も、10勝そこそこで負け数のほうが多かったんです(11勝13敗、12勝15敗)。この3年は72年からの3年間で、機材を使ったスパイ行為ももちろん影響してたんですが、それとともに鈴木はクセがバレてたんですよ。野村さんは鈴木を見て、特に振りかぶったときには百発百中で当ててました。握りが見えてたんです」

この3年間の不調で、鈴木は相当悩んだらしい。しかし75年に22勝6敗で復調すると、76年には18勝を挙げ、そして77年は20勝、78年には25勝をマークして2年連続のリーグ最多勝利投手となっている。江本が続けた。

「鈴木はノーワインドアップに変えたんですよ。振りかぶらなくなったんです。ピッチングフォームを変えさせられたということですよね。もちろん、それでまた勝ち出した鈴木も凄いですが」

師匠・野村から伝授された高畠導宏の盗み方

そんな相手選手のクセを見抜くのが得意だった人物として、他に高畠導宏の名が挙がった。高畠は08年1月にNHKで放送されたドラマ『フルスイング』のモデルとなった人物である。在籍したロッテと中日の両チームで、打撃コーチを務めていた高畠から指導を受けた愛甲猛が語ってくれた。

「クセを見分けるのが本当に得意な人でした。相手ピッチャーはもちろん、三塁コーチャーのサイン解読がうまかったですね」

三塁コーチャーはベンチから送られた作戦を、ブロックサインで打者や走者に中継する役割を担っている。その際、どこかにキーとなる場所が決められていて、そこを触った次に触れたところの作戦を決行せよなどと決められているのだ。例えば右肩がキーで、帽子が盗塁だとすると、右肩の次に帽子を触れば盗塁しなさいという具合である。もちろん試合によってキーの場所は変わるし、キーのいくつあとに触れたところが作戦ポイントかというのも変わる。高畠はそれを解読するのがうまかったというのだ。

「盗塁は解読できれば、ウエストで刺殺率も高まります。でも若い頃のキャッチャーの中村武志は、盗塁のサインを見破ったにもかかわらず投手に牽制させ、警戒した相手チームのサインが消えてしまったことがありました。盗塁がわかってるんだから、直球をウエストさせれば楽々アウトなのに」

さらに愛甲は、高畠が見抜いた相手捕手のクセについても話してくれた。

「当時広島の正捕手だった西山は、サインを出した後で、真っすぐのときにケツがヒョイッと上がりました。それで、ちょっと沈むと変化球でした」

ちなみにこの高畠だが、広島を初優勝に導いた古葉同様、南海で野村野球を学んでいる。67年秋のドラフトで南海に指名され入団すると、1年目の68年から1軍に出場。野村が選手兼任監督となった70年と翌71年には、規定打席に到達はしていないものの打率3割をマークしている。故障のため72年限りで現役からは退いたが、29歳の若さで打撃コーチに就任し、73年の南海リーグ制覇に貢献しているのだ。そして77年に野村が南海を追われ、選手としてロッテへの移籍が決まると、それと行動を共にしてロッテのコーチに就任しているのである。まさに野村の愛弟子といっていい存在だったのだ。

打者に受信機を取り付けた南海、拒否して監督に睨まれた門田

さてここまで、相手のサインを覗き見たり、クセを見抜いたりして、球種や作戦と

いう情報をどう入手するのかを見てきた。しかし貴重な情報を手に入れることができても、プレーする選手たちに伝えられなければ、手に入れていないのと同じだ。それでは、実際どのように伝達していたのか、そちらを見ていくことにしよう。

かつて南海、オリックス、そしてダイエーで活躍した門田博光は、引退後に出演した大阪のテレビ番組で次のような趣旨の発言をした。

「当時の監督はスパイ行為でサインを盗ませていました。そして我々打者は、ユニフォームの下の尻のところに受信機を仕込んでおき、そこに刺激を与えられることによって球種を知らされていたんです。私はそれがイヤで使わなかったため監督に睨まれましたが、打者として成長するには使わなかったことが良かったと思っています。その装置を使って打っていた選手は大成しませんでした」

これは門田が南海時代のことを語ったものである。さすがに南海は阪急と熾烈なスパイ合戦を繰り広げていただけに、個々の打者に受信機を取り付けさせるほど金をかけていたことがわかる。ちなみに門田は69年秋のドラフトで南海に指名されて入団しており、プロ1年目の70年は野村が選手兼任監督になった年である。つまりこの「当時の監督」というのは、野村のことを指している。

愛甲にも、どのように伝達されていたのか聞いてみた。

「ロッテは原始的でしたね。例えば高畠さんがピッチャーの球種を見破ると、バットケースをバットで叩くんです。真っすぐなら1回、カーブなら2回とか。あと、ピッチャーがセットポジションに入ったときのグラブに収められた手首の角度でわかることが多くて、右投手のクセは三塁コーチャーが、左投手のクセは一塁コーチャーが盗みやすいので、それぞれが打者に伝えます。伝達法としては、ピッチャーがセットに入って球種がわかったとき、コーチャーが打者を見たら変化球、見なければ真っすぐだとかです。こうしたことが、試合前の野手ミーティングで決められました」

冒頭で書いた阪神に詳しい事情通に聞くと、こう話してくれた。

「ベンチ裏の受像機の映像を見たある代打専門の選手は、解読するなりピピピと電気信号を使って、グラウンド上のコーチャーに送っていました。それを受けたコーチャーは、身体の角度で打者に球種を教えたりしていたんです。もちろん、声で伝えることもありました。例えばストレートなら、『しっかりいけ、しっかり』とか、カーブなら、『よく見て、よく見て』とか、そんな具合です」

阪神は個々の選手に受信機を配ることまではせず、コーチャーにだけだったようだ。

球界の盟主は看板を隠れ蓑に

さて、ここまで書き進めてきたが、まだ重要なチームに触れていない。そう、巨人である。巨人はＯＢを含めて生え抜きにしか内情を教えないほど徹底した箝口令が敷かれているようで、なかなか情報が洩れてこない。しかし書物をひもといてみると、スパイ行為が行われていたことを肯定する記述を見つけることができた。日刊スポーツの巨人担当記者だった佐藤安弘の著書から、その部分を引用してみよう。相手バッテリーの球種伝達についてのくだりだ。

「球種がわかると５割以上は打つのが末次民夫外野手といわれていた。その逆が長嶋さん。最右翼だ。

『余計なことだ。オレのときは構わないでくれ。狂っちゃうよ』

はなはだ迷惑千万なことで、直観力が機能しなくなり１割も打てなくなったようだ。サインの方にばかり気が向いてしまった、という話だった。」（『アテネ五輪日本代表監督・長嶋茂雄の闘い』日刊スポーツ出版社）

やはり巨人でも行われていたのだ。そしてあるプロ野球関係者が、絶対に名前を出さないという約束を交わしたうえで、その重い口を開いてくれた。

「昔の後楽園球場のバックスクリーンの両サイド、右中間、左中間のスタンドの上に、大きな風量計というのがあったのを覚えていますか？」

確かに、外野スタンドの裏にふたつ聳え立っていたのを記憶している。ひとつは矢印が出て風向きを、もうひとつは風の強さを数字で表していたような。まさか、あの矢印と数字が使われていたのか？

「いえ、そうではありません。実はそのどちらにも下の柱のところにブリヂストンが看板を出していたのですが、その文字を挟むように上下に電気の筋が光っていたんですよ。それで風の強さが電気の光の長さでわかるように上下していたんです。風が強いと柱の上のところまで光の長さが伸びて、弱いとそれが下がるという具合にね」

そういえば、ちらちらと上下していた記憶が残っている。

「実はこれを、球種を解読したあとの打者への伝達に使っていたんです。日によって違っていましたけど、例えば次の球がストレートならいちばん上まで光が伸びるとか、カーブなら上から1／3でフォークなら半分のところまでとかいうように。すぐ打者に伝えないとピッチャーは投げてしまいますからね。風量計の柱の光が、伝達手段でした」


スパイ行為というのは、間違いなく長い球界の陰の部分である。しかし今回、このレポートを書くに当たって、それを行っていた球団を咎めようという気持ちはさらさらなかった。陰の部分であるとはいえ、実際にあった歴史のひとつとして事実を書きたいと思った。

そして今、書き終えて思うことは、それぞれの球団の勝利に対する執念を感じたということだ。お金をかけ、大掛かりな機材を用いたのも、勝つという目標を達成するためであった。何としても勝つという気持ちが、筆者には伝わってきたのであるが、読者の皆さんはいかがだっただろうか。

ゴンザレス、リオス……球界を蝕むクスリの恐怖

薬物汚染の実態と「日本人選手」の使用疑惑

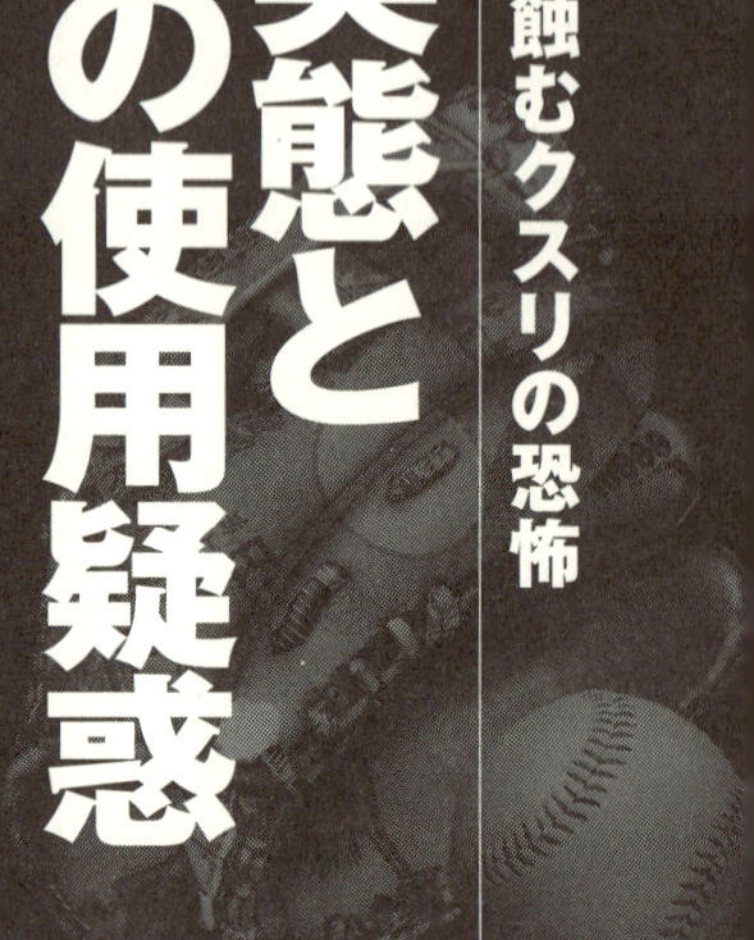

2007年12月に発表された、MLBの薬物使用実態調査「ミッチェル・レポート」では、メジャーの一流選手に混じって、日本のプロ野球に在籍経験のある選手が含まれていた。

また、日本では08年5月、巨人のゴンザレスから禁止薬物が検出された。

いずれも日本球界の外国人選手への薬物流入が懸念される事例だが、心配なのはなにも外国人選手に限ったことではない。

薬物使用の影響ともとられかねない不可解な言動を発する日本人選手の姿がこれまで何度も目撃されているという。

球界に陰を落とす薬物汚染の実態とは――。

文／豊島純彦

ドーピング違反　同僚ラミレスは知っていた!?

それは突然の発表だった。08年5月26日、日本プロ野球組織（NPB）は巨人のルイス・ゴンザレスから禁止薬物が検出されたため、1年間の出場停止処分を科したことを公表した。

ゴンザレスは4月30日に東京ドームで行われた広島戦後のドーピング検査で対象選手に選ばれて受検。その結果、クロベンゾレックス、アンフェタミン、パラヒドロキシアンフェタミンが検出された。いずれも興奮作用のある禁止薬物で、疲労回復や集中力を高める効果があるとされている。

当の本人は27日未明に球団事務所で会見を開き、

「日本で禁止されている薬物を飲んだ記憶はない。潔白を信じてほしい」

と訴えたが、巨人はゴンザレスに契約解除を通達。日本プロ野球史上初めての、ドーピング違反による解雇選手となった。

何も知らないファンにとっては唐突で、ショックの大きな報せだったが、関係者の間ではすでに疑惑の目が向けられていた。

「ゴンザレスは検査に引っかかる前から怪しいと言われていました。07年まではおとなしい性格だったのに、08年は妙にテンションが高く饒舌になっていた。記者たちがいることなどお構いなしで、テレビ東京の大竹佐知アナを『君みたいな美しい日本人女性は見たことがない』と口説いてみたり、まるで別人のような振る舞いが目立っていましたからね。試合前にはいつもロッカールームで家から持ってきた飲料ボトルを飲んでいたそうで、中身は薬を溶かしたスペシャルドリンクだったのではないかと疑われていたんです」（巨人担当記者A）

　こうした目に見える言動もあり、ゴンザレスと仲の良い選手は彼の裏切り行為を知っていたともっぱらだ。

「同じベネズエラ出身のラミレスは非常に仲が良く、ゴンザレスが一軍に上がってきたときにはすごく喜んでいた。地方遠征のときはいつもゴンザレスと行動を共にしていたほどで、禁止薬物を使っていたことも知っていたようなんだ。日本人選手の中にも何人か仲の良かった選手はいて、見て見ぬフリをしていた。疑いはそれだけではない。筋肉増強剤だ。春季キャンプのときにチームメイトがゴンザレスを見て驚いていた。『ずいぶん体が大きくなったな』と。ユニフォームのサイズも前の年より大きくしたんだ。フリーバッティングでもホームラン打者ではないのに柵越えを連発。本当にステロイドを使っていたかはわからないけど、周囲が違和感を感じていたのは事実」（巨人担当記者B）

麻薬使用疑惑もあった07年のゴンザレス

　さらなる問題も一部で指摘された。外国人選手事情に詳しい球界関係者は、来日したばかりの外国人選手にとって行く所はバーくらいしかないのだと言う。外国人が集うような店の中には客の知らないところで薬物を混ぜた酒を出す場所もあることから、選手が巻き込まれてしまうケースがあると話していた。

「名前は出せないが、某外国人選手はゴンザレスのことを聞かれて、なぜか麻薬の一種の名称を口にしたというんだ。07年のゴンザレスはほとんどが二軍暮らし。二軍の首脳陣が一軍に上げようとしても、『あそこが痛い』と言って上がりたがらなかった。ゴンザレスのような『メジャーリーグではボーダーライン』というレベルの選手の中には、年俸を1億円ももらえればそれで満足という者もいる。それに二軍の試合はデーゲームだから夜も遊びに行ける。ゴンザレスは六本木あたりでよく飲み歩いていたといい、そこで知り合った外国人とツルんでいたという話もある。まさか麻薬にまで手を出していたのだろうか」（スポーツ紙デスク）

　こうした話まで耳にすると、ゴンザレスが会見の終わりに残した「やましいことは何もないので、顔を上げて会見場から出て行く」との言葉は信じがたい。

米球界より規制が緩い日本球界の薬物事情

ＮＰＢがドーピング検査を本格的に導入したのは07年のこと。これまで違反者となったのはゴンザレスと、07年8月に筋肉増強剤の使用を隠す効果が認められているフィナステリドが検出されたソフトバンクのリック・ガトームソン（20日間の出場停止）、ゴンザレスの約1ヶ月後に筋肉増強効果のあるスタノゾロールが検体から見つかったヤクルトのダニエル・リオス（1年間の出場停止）と、みな外国人選手。さるメジャー関係者も「メジャーリーグと比べて日本球界は薬物への規制が緩いとの認識が外国人選手には定着している。セ球団の勝ち試合で登場するあるリリーバーは数年前からメジャー球団のオファーを受けていながら断り続けている。条件は日本より良いにもかかわらずだよ。それはメジャーの方がドーピング検査が厳しいことをわかっているからなんだ」と語るように、ゴンザレスも甘い考えを抱いて日本に来たのではないか。

「日本のドーピング検査はＮＰＢの医事委員会が試合開始1時間前までに両球団に検査対象試合であることを通達。5回終了時に各チームの担当者が検査場所でくじを引き、対象選手が2選手ずつ決まるシステム。極論を言ってしまえば、対象選手に選ばれなければ薬物を使っていてもわからないということ。ゴンザレスも『自分は選

ばれない』とタカをくくっていたのだろう」（ベテラン記者）

かといって日本人選手、雇っている側の球団の問題意識が十分かといえば、まだまだそうではない。

「日本人選手については風邪薬を飲むのにもトレーナーの許可を必要とするようになっているため、間違って禁止薬物を摂取する可能性はほとんどない。だが、08年のキャンプ中にドーピング検査についてNPBの人間が12球団を回って説明した際、『尿検査なんかやりたくない』と漏らした選手もいたように、それほど大きなこととは捉えていない者もいる。ある球団の選手は問題発覚後、巨人のことを笑いながら、ベンチに置いてあるドリンクを飲み『これは薬じゃないですよ』とジョークを飛ばしたりしていた。球団の管理体制も外国人選手に関しては野放し状態の球団が多かった。

また、ゴンザレスの件で巨人は系列である日本テレビに『ゴンザレスという名前は出さないでくれ』と要望したと聞くし、球団の中には同じ日に有名女子アナが自殺したことでゴンザレス問題の注目度が下がればと考えた不届き者もいたそうだ」（球界OB）

現場の首脳陣も選手に再発防止を促すどころか、頭から消し去ろうとしたという。

原監督と清武代表、微妙なＫＹ発言

「ミーティングで『ゴンザレスはいなかったんだ。忘れよう。ゴンザレスと言うのもやめよう』と選手たちに話したそうなんです。ゴンザレスのことがわかった当日の試合でも原辰徳監督は3番に起用して1発を放った木村拓也を『パワーがついた気がしますね。体が一回り大きくなったようなね』と、薬物を連想させるようなコメントをして報道陣を固まらせた。この失言には球団幹部も指揮官へ注意を行ったそうです。もっとも原監督は悪いことを言ったという自覚がないため、ピンと来ていなかったみたいです。だから続く楽天戦の練習前にも木村拓に『ゴンちゃんがいない分、お前のパワーを頼りにしているぞ』と微妙な発言をしていた」（球団関係者）

巨人はゴンザレスとの契約をすぐに解除したが、それで終わりとするならば球界の薬物根絶には繋がらない。球界の盟主を自認しているのだから、こうした面でもリーダーシップを発揮すべきだろう。だが、

「4月26日に球団事務所での会見後、巨人の清武英利代表は『PT（理学療法士）やトレーナーが出したもの以外は口にしないことを、今後も徹底させる』と言ってから、『二度と犠牲者を出してはいけない』と話したんです。驚きましたよ、禁止薬物を使ったと判断された選手は〝犠牲者〟だと言うんですから。ある球団関係者は『昔

なら薬物を使っている助っ人を掴まされることとなんてなかった』と、現在の球団の体制を嘆いていた」（前出・巨人担当記者A）

『キーン〜、キーン〜』〝飛行機になった〟投手

ゴンザレス問題は北京五輪の野球代表にまで影響を及ぼしたという。
「NPBの幹部は当時、『巨人はなんてことをしてくれたもんだ』と怒り心頭でした。それというのも、そのとき五輪候補に選ばれていた選手が過剰に反応して、使ってもいいサプリメントも飲めなくなってしまった。そのせいでコンディション調整がうまくいかなくなり、五輪でいい結果が出せなくなるんじゃないのかと危惧したんです。どこまで関係したかは言えませんが、結局、日本代表は金メダルどころか4位に終わってしまったわけで……」（NPB関係者）
薬物が選手に及ぼす危険性。タブーとして表には出にくいが、薬物が原因で倒れた、奇行に走ったと見られる事例が過去にいくつもあったのだから、球界全体が真剣に取り組まなくてはならないはずである。
「数年前にはマイナーリーグでのプレー経験がある野手が二軍の試合中に倒れた。原因は興奮剤の使いすぎと囁かれた。10代のときから登板機会をもらい、将来を嘱望さ

れた大型投手もファームの試合でバッタリと気を失い、大騒ぎになったことがある。彼も興奮剤の副作用で脱水症状になったとされている。甲子園で活躍し、セの人気球団に高卒で入団した某投手も薬物の作用でコーチに説教をされたときに奇怪な行動に出た。お小言を言われてもニヤニヤしていた、その投手にコーチがカミナリを落とすと、突然、両手を大きく広げながらダッシュを始めた。そして、『キーン～、キーン～、キーン～』と口走りながら走り続けた。それを見ていた関係者は『あいつ、飛行機になった』と唖然としていた」（マスコミ関係者）

薬物は継続的に、そして今も球界に蔓延っている

恐怖と隣り合わせであるというのに、一部の選手たちは禁断の薬に手を出してきた。「アメリカ球界に移籍して急激に球速が上がったある投手は以前から薬物に手を染めていたといい、周囲もそれを知っていた。本人は禁止されているとわかっていながら、『やっていないと不安になる』と漏らしたという。08年限りで引退したスター選手は夜の街で、『〇〇（日本球界で活躍した助っ人選手）が持ってきた薬は効くデ』と失言したことがあったそう。その選手を慕う、薬物使用を疑われていた左の強打者は、〝ある年〟から突然、打球の飛距離が落ちてホームランの数が激減。薬を止めたから

だと推測されている」（前出・スポーツ紙デスク）

ある年とは06年。前年に一部週刊誌が「ロッテの選手がメジャーリーガーの間でも使用されていたと言われる『グリーニー』と呼ばれる興奮剤を服用している」と報じたことで、止めざるを得なかったと見られているのだ。

ゴンザレスから検出された3種の禁止薬物は、グリーニーを使用した際に検出される薬物と合致するものであった。やはり薬物は今も球界にはびこっているのか。

「07年からドーピング検査を導入したことで、これまで疑惑を持たれていた抜群の長打力を誇る外国人選手が、翌春のキャンプで来日したとき、明らかに体が小さくなっていたように抑止効果は出ている。それでもセの人気球団に移籍したある主軸打者を見て、前に所属していた球団の関係者は『うちにいたときより体が大きくなった』と〝不自然な成長〟に首を傾げたり、チームの勝利には欠かせない某投手が爪が大きく割れた状態で登板して『感覚がマヒしていなければ投げられない』と関係者を驚かせてもいる。ある左腕投手はタイトルを獲得したシーズンは肌荒れがひどく、汗も大量にかくようになった。どちらも薬の影響で起こりやすい現象だ。最近は薬物を服用しても検査に出ないように中和する薬や、今のドーピング検査では検出されない薬もあると聞く。簡単になくなるものではない」（前出・ベテラン記者）

球界の薬物汚染が1日も早く浄化されることを願うばかりである。

複雑怪奇なハンデと勝負の醍醐味

危険な博打「野球賭博」のルール

巨人ファンなのに阪神を応援することもある。
「ホームランは出ないでくれ、ヒットでいい」と祈ることさえある。
ハンデによって結果が左右される野球賭博は、
単純な勝負ではなく、点差が絡んだ博打。
キモとなるハンデは、どのように決められるのか。
そして情報の流れは——。

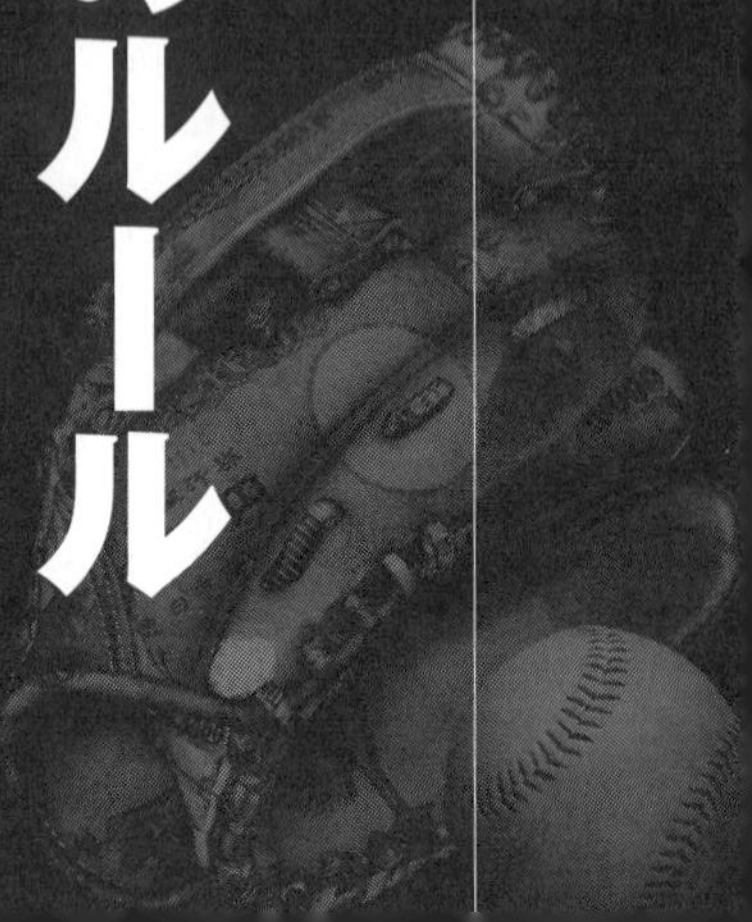

文／夏原 武

全国規模の裏賭博は「危険な博打」

「嵌ってしまうととても危険な博打だよ」

野球賭博を取材しているとよく聞く台詞だ。それも極道社会の人間であったり、様々な博打を経験している人の口から聞かされるのだから説得力がある。

競馬・競艇・競輪・オート・パチンコ・サッカーくじを除いて、日本ではギャンブルは禁止されている。パチンコを除けばすべてが公営ギャンブルであるのが特徴だ。しかし、これはあくまでも表向きの話で、建前に過ぎない。実際には、丁半や後先、手本引きといった歴史のある賭博から、ルーレット・バカラ・スロットなど西洋流まで様々ないわば裏ギャンブルが存在する。公営ギャンブルに関しても、「ノミ屋」という私設発券業もある。

野球賭博はジャンルでいうと「ノミ」に属するが、公的な賭博が存在しないため、完全な裏博打である。海外のブックメーカーであれば、それこそ首相選挙から大相撲に至るまで何もかも賭けの対象になっているのだが、いかんせんここは日本。あくまでも裏博打として野球賭博は存在する。

対象になるのはプロ野球と高校野球であるが、メインはあくまでもプロ野球。高校野球については春と夏の甲子園大会が賭けの対象になっているものの、開催期間が短く商売としてのうまみに欠けるのだ。

基本的に関西圏で発達した賭博であるが、現在では全国規模で行われている。あまりメディアで取り上げられることはないが、映画『仁義なき戦い　頂上作戦』では、小倉一郎扮するヤクザが広島球場で賭けを受けているシーンが登場し、また松方弘樹とハンデについて話を交わすシーンも描かれている（現在では球場で受けていることはまずない。私設発券系の博打でいまでも現場で受けているのは、公営ギャンブル系だが、数はかなり少ない）。

プロ野球OBから流れる「ハンデ情報」

野球賭博の基本は、ほかの博打同様に「勝つチーム」を当てること。最大一日6試合が開催されるわけだが、その中から1試合以上を選んで張ることになる。サッカーと同じと思うかもしれないが、そう単純ではない。なぜかというと前出のように「ハンデ」が存在するからだ。

このハンデはとても特殊なものである。システムについては後述するが、何よりも、プロ野球チーム同士が戦うのに対して、弱いと思われるチームに点数をあらかじめ与えるのだ。つまるところ、よほど野球に詳しくなければ難しいと考えていい。確かに、ドラフト制度が無い時代や制度初期の時代であれば、人気と資金力のあるチームに有望選手が集まったため、自ずと強弱がはっきりしていたが、読売ジャイアンツのV9のような極端なことは、昔の話になってしまったからだ。

それでも「ハンデ」は必ずつけられる（業界用語ではハンデを切る、という）。そのためには、先発投手を知る必要があり、また、スターティングオーダーや、選手の調子も知る必要がある。

それを行うのがハンデ師と呼ばれる野球賭博に欠かせない存在である。

「ハンデ師はある組織が握っていて、そこから全国にハンデが流される」

かつて野球賭博をメインにしていた、元ヤクザ幹部はこう証言した。野球賭博は胴元も複数存在するため、胴元によって通達されたハンデを「いじる」こともあるそうだ。つまり、ハンデを増減するということだ。

「ハンデ師は総合情報を得て行うのだが、ハンデ師に情報を流す人間がいる。それはプロ野球OBだ」

同じ元幹部の話だ。実際にはそこで実名を告げられたのだが、故人でもあり、裏付けが取れないことから、ここでは触れない。ただ、誰もが知っている戦後プロ野球の大スターであり、解説者としても知られた人物とだけ書いておこう。

こうした大物OBが数人参加するだけでも情報の精度はあがる。

野球界にいる、情報をもたらす人間

「元々、プロ野球と裏社会は接点がある。基本的にはあれも興行だからな。ダフ屋もそうだし、露店もそうだ。応援の問題なんかもそうだろ。最近じゃ、いろいろと表に出てきているけどな。それに選手のタニマチをやるような親分もいるし。スポーツ選手ってのは野球に限らずだけど、ご馳走されて当たり前ってとこがあるんだよ。人気商売だってのもあるんじゃないか。男芸者みたいなもんだよ。お座敷がかかればやってくるんだからな」（独立系組織幹部）

現役時代からの付き合いがやがては、OBとなった後にでも続くといわんばかりの話である。

一時期、大物現役選手が先発情報を流しているという記事が週刊誌で報道されたことがある。その後、裁判で事実無根となったわけだが、実際はどうだったのだろう。

「その事件についてどうこうは言えないが、そりゃあるだろうと思うね。選手が金をもらって話しているわけじゃなくて、軽い気持ちでついってとこじゃないか。尊敬する先輩OBあたりに『明日投げるのか』って聞かれて、つい『はい』ってこともあるだろ」（前出・同）

ハンデ師そのものが野球界にいるのではないのだが、そこに情報をもたらす人間が野球界にいるのは常識というのが、取材した感想である。金銭のやりとりがあるのかどうか、そうしたことについては、関係者も口を閉ざす。やはりかつての黒い霧事件があるからだろう。

いずれにしてもハンデ自体は先発投手が発表される前に通達されるわけで、試合開始以前に締め切られるのだから（何回までOKというところもある）、各選手がどういう状況なのか、詳しく知らない限り、ハンデを切るのは難しい話だ。

複雑なハンデ、応援とは別物の勝負

さて、そのハンデについて説明しておこう。基本的にはこういうことだ。

阪神対巨人の試合で阪神に2点のハンデがついていると仮定する。この場合、阪神の勝ちに賭けた人間が配当をもらえるのは、阪神が巨人に2点以上の差をつけて勝った場合のみである。つまり、「阪神3点、巨人0点」ならば「当たり」となり、「阪神2点、巨人1点」では試合は阪神の勝ちだが、賭けとしては「外れ」になってしまうのだ。

次頁で、そのルールを整理して説明しておこう。

ややこしいように感じるが、要するに阪神に1点のハンデが出て、阪神が2点差以上で勝った場合に、阪神に賭けた人が勝ち、1点差であれば勝負なしで賭け金がもどる。巨人に賭けた人は、阪神が負ければ当然勝ちとなり、たとえ阪神が勝ったとしても1点差ならば勝負なしになる。ただ、実際には表のように、より細かなハンデが出る。

また、野球賭博の場合には通常とは胴元の構成が若干違う。一番下の小さな胴から一番上の大胴元までがピラミッドのような構成になっており、各部署で寺銭が落ちていくので、自分がリスクを背負わずに利益を得ることも可能になっている（もちろん受取額は少ないものになる）。

それにしても、こうした細かなハンデを見ると（組織によっては、もっと単純なハンデを出す場合もある）、ハンデ師というのはたいしたものだな、と単純に思う。プロ野球の中継放送を見聞していると、プロの解説者のくせに言うことがことごとく外れるような人間も多い。であるのに、よほどのことが無い限りハンデは上手に作用している。よほどの大差がついてしまえばともかく、実際にはプロ野球というのは僅差の勝負が多い。その僅差をさらに接近させるのがハンデということになる。

「賭けると分かるんだが、野球が面白くなるんだよ。つまりさ、これ以上点を取られなければ、負けてもいいやと思ったりね。どういうことかって？　野球賭博はさ、勝つチームを当てる博打って言われてるけど、そうじゃないからね。ハンデを睨んで勝負するんだから。負けたチームを選んだところで、ハンデによっては勝ったことになるわけだろ。だから、そこが読みあいで、負けるには負けるだろうけど、このハンデだったら博打には勝つって判断することもあるんだよ」（野球賭博歴十数年の賭け手）

どっちが勝つかではなく、どっちがこのハンデによって勝ちと判断されるのか、と

野球賭博・ハンデの形式

- 掛け金は１万円単位が基本。千円単位を受ける中継も存在する。
- テラ（胴元に落ちる金）は勝ち金の一割。中継（通し）は２％。
- トップは大胴元で数千万円から数億単位の賭けを受けている。
- 次が中胴元で数百万を上限にする。
- その下に小胴元があり50万程度。
- さらに走り胴という10万程度のものもある。
- 中継は小胴元か走り胴である。

阪神にハンデが出た場合

ハンデ	阪神	巨人
0.3	引き分けで三分負け	三分勝ち
0.5	〃　五分負け	五分勝ち
0.7	〃　七分負け	七分勝ち
0.9	〃　九分負け	九分勝ち
1	１点差勝ちで勝負無し	１点差負けで勝負無し
	２点差勝ちで丸勝ち	２点差負けで丸負け
1.3	１点差勝ちで三分負け	三分勝ち
1.5	〃　五分負け	五分勝ち
1.7	〃　七分負け	七分勝ち
1.9	〃　九分負け	九分勝ち
2	１点差勝ちで丸負け	１点差負けで丸勝ち
	２点差勝ちで勝負無し	２点差負けで勝負無し
	３点差勝ちで丸勝ち	３点差負けで丸負け

いうことだ。

野球賭博の参加方法と難しい八百長

さて、この野球賭博はどうやって参加することができるのか。基本的には電話で申し込むことになる。各胴元のルールによって多少は違うが、試合開始までに、どの試合のどのチームに賭けるかを伝える。もちろん、事前に「本日のハンデ」が連絡されてくる。ファックスを使うこともあるが、多くは電話で行われている。また、喫茶店等で中継胴元をしている場合は、店で賭けることもできるし、店が電話で受けてまとめてくれることもある。

ほとんど公営ギャンブルのノミ屋と同じシステムになっている。関西圏には多数の胴元が存在するが、関東圏は少ない。また、野球以外のノミも行っているところもある。基本的に博徒のシノギであるから、博徒系ヤクザが行っている。

野球賭博の話になると「八百長」問題が気になるところではある。数百万から数千万という大きな金が動いているわけだから、あり得るのではないかと思ってしまう。だが、実際にはあまりそういうことはないと言われている。

「まあ、個人競技じゃないからな。そりゃピッチャーなら可能性はあるのかもしれないが、今のご時世でそんな危ない橋を渡る選手はいないだろう。活躍したほうが給料もあがるしな。弱みでも握られて？　どうだろうなあ。女癖の悪い選手なんかだと、うちらの関係者に頼んでもみ消してもらうなんてことは確かにあるようだが、それで八百長ってとこにはいかんだろう。チームの主立ったメンバーが協力してくれるなら可能性はあるが、ハンデがあるから、そううまく行くとは限らないしな。ハンデ無しっていうならあるかもしれないが……うーん、そこにもっていくのは難しいと思うよ」（元野球賭博胴元）

むしろ、問題視されるのであれば、情報が流出していくという点かもしれない。もっとも、ＯＢでなくても、常に取材している記者などもいるわけだから、選手だけから漏れていると決めつけるのは疑問に感じられる。

ちなみに高校野球では、その昔、ＫＫコンビがいたＰＬ学園全盛期にもっとも大きなハンデが切られたことがあるそうで、それでもＰＬ学園はハンデを乗り越えて勝ったというのだから、どれほど強かったのか分かろうというものだ。

野球賭博を取材して一番強く感じたのは、およそスポーツの勝敗というものは、形式の差異はあれど、すべて賭けの対象になり得るという事実であった。格闘技だろうと陸上競技だろうと、勝敗が存在するということは、博打になり得るのである。

日本ハム対楽天「4対3・5」で日本ハムの勝ち!?

元選手が激白!
野球賭博の仕組みと実態

その昔、球界を激震させた黒い霧事件のあと、日本球界は野球賭博と縁が切れたように思われている。もちろん八百長をしている選手などいないが、選手の中には「組織と関わりをもつ人間」もいる。元選手が明かす、野球賭博の深い闇とは――。

文／稲垣 翼

甲子園大会での予告と野球賭博への加担

「私が甲子園に出場した夏のこと。2回戦の抽選を監督とバックネット裏で待っていると、明らかに〝その筋〟っぽいオヤジがきて、いきなり話しかけてきました。『次の試合、君の学校は大差で勝つよ。準決勝まではいくがそこで負けるだろう』と。見せてくれたノートには、学校ごとに投手、打撃、守備、走塁、監督という5つの評価項目を5段階に分けており、ウチは総合B、決勝で戦った2校が総合Aでした。

大会を終えてそのオヤジを思い出し、一緒にいた監督に『そういえば、2回戦で言い当てられましたよね。なんでわかったんでしょう』と顔を見合わせました。今思えば、あれは大規模な野球賭博に関係する情報網を持つ人だったんでしょう。

このときからです、私が野球賭博に興味を持ったのは」

甲子園で上位に進出、大卒後、プロ入りしパ・リーグで10年以上活躍したこの元選手は、引退後、野球賭博の〝張り師〟と出会った。以下は元選手が絶対匿名を条件に語ってくれた、野球賭博の実態である。

＊　＊　＊

「現役時代、知り合いに大口の張り師がいました。仮にAさんとしましょう。表向きは実業家で、クルーザーを所有するほどの大金持ち。クルージングに連れてってもらったときなど、海の上で携帯片手に『この試合、どっちが勝つと思う?』と聞いてきました。傍らにあるノートには、有力各投手の防御率、投手ごとの打者別対戦成績、チーム別の球場成績など、それはそれは細かなデータが記入されており、『このハンデで行けるかどうか』を最終判断していました。

飲み食いはもちろん、ときには女を世話してもらったり、かなり親密な関係でした。あるとき、試合前にいきなり電話がかかってきて『昨日1千万やられた。どうしても取り戻したいから、今日の6試合のうち、確実な試合を教えてくれ』と頼まれたんです。そこで6試合のハンデを聞きました。スポーツ新聞を凝視したところ、ウチの試合は微妙な数値。『もしかしたら、手を貸してもらうかもしれない……』と言うので、『野球賭博に荷担させられたらまずい』と思い、確実な試合を探しました。

もしもウチに張られたら、2点差以上で勝たなければならない状況でした。ウチの相手はシャットアウト負けが2試合続いていたエースが先発でしたので、2点差はどうにも厳しく、そこで同じリーグの別の試合を教えたんです。

当時は予告先発もなかったので、数分後、電話で教えたのがエース対3番手投手の対決だった日本ハム対近鉄戦でした。先発投手の防御率が1点台と3点台で、なおかつ日本ハムのエースは連勝中、近鉄の3番手は負け越しており、チームも2位対5位。競馬でいえば〝銀行馬券〟。2千万張って、負け分を取り戻したそうです」

『変な試合』の大口勝負とハンデの基本＝防御率

この一件があってから、元選手と張り師の仲は、より親密になっていったという。

「当時は予告先発がなかったので、Aさんはハンデが出ると、毎日のように僕に電話をかけてきて、先発投手を尋ねてました。大概は予想通りなんですが、ローテーションの谷間で、どう考えても別の投手の先発をイメージしたハンデ、僕とAさんの間では『変な試合』と言ってましたが、先発投手が違って『変な試合』になると、『よし、わかった！』と言って大口勝負に出ていました」

なぜ先発投手が重要か、元選手の説明を聞いてみよう。

「野球賭博のハンデの元になるのは先発投手の防御率です。プロ野球の場合、防御率が安定した投手だと滅多に大崩れしないため、平均何点取られるかを表す防御率はハンデの基礎となります。試合の行方を占う材料として、もっともハズレにくいんです。

逆に打撃は〝水物〟と言われるように、チーム打率が良くとも、投手の出来次第で爆発もすれば沈黙もします。チーム打率は平均2割7分前後ですが、こと1試合に限れば2割を切ったり4割近くにもなります」

試合の行方を占うには、「打線が何点取るか」ではなく「投手が何点に抑えるか」

を考えること。ハンデの基本がここにある。

「巨人対阪神戦で、先発が防御率の安定したエース同士と予想されたとします。いずれの投手も防御率2点台とすると、ハンデはどちらに出るか微妙なところです。しかし、巨人のエースに何らかのケガがあったり、アクシデントで先発が防御率4点台の投手に急遽代わったとしましょう。ハンデの出方によっては賭けとしておもしろくなりますよね。

このように、表に漏れていない情報を探るため、Aさんは数チームの選手と親密な関係を持っていました。その一人が私だったわけです」

外国人選手から漏れる先発投手

元選手と親密である張り師は「急なアクシデントで先発投手が代わったとき」、あるいは「ローテーションの谷間で先発投手が読めないとき」に大きく勝負したという。「引退してから、私もかなり張っていますが、予告先発制度ができてから、パ・リーグはおいしくない。もっぱらセ・リーグで勝負しています。試合の前に携帯で選手に電話をかけるのも、それとなく先発投手を聞き出すためなんです。

でも、やはり日本人は口が堅い。相手チームの先発投手に関する、一番の情報源ってどこだと思います？　外国人選手なんです。日本人選手だと、たとえ仲が良い選手でも、自軍の先発をバラしたりはしませんが、助っ人にチーム愛はありません。試合後のバーで『おい、ウチは明日、おマエの苦手な●●だぞ』などと話してます。そのため、六本木あたりは僕のテリトリーになっています」

ハンデが発表されるのは試合開始の1時間前、先発投手発表の少し前だが、この元選手には2時間前にわかっている。昔のつながりが役に立っているわけだ。

張り師と組んだ元選手は「1ヶ月に3千万勝ったこともある」という。

ダルビッシュは失点2点　楽天は4～5点

元選手が〝張り方〟をレクチャーしてくれた。

「防御率だけを焦点に、ハンデと張り方を比較してみましょう。日本ハム対楽天でハンデは日本ハムに1・5。先発は日本ハムがダルビッシュ、楽天は（ローテの）谷間投手とします。これなら日本ハムで固い。なぜならダルビッシュの防御率は2・07（08年8月24日現在）で、楽天は谷間投手の防御率が全員4点台。『ダルビッシュは取られても2点、楽天は4～5点。よって悪くても日本ハム4対楽天3・5』と考えるわけです。ただし投手が岩隈だと話は別。岩隈は1・93ですから、ダルビッシュ先発で唯一、楽天にハンデが出てもおかしくないケースです。田中将大は防御率3・39ですから、日本ハムに0・5点出ても日本ハムに張るのが常套です」

ハンデには防御率以外に様々な要因が加味される。

「球場が札幌ドームの場合、ヒットゾーンが広く、テキサスヒットが出やすくなります。となると打撃面で劣る楽天にとって、本拠地より有利となります。同じ先発投手でも、札幌ドームよりは宮城フルキャストのほうがハンデは縮まります。

たとえば西武の西口は毎年10勝が計算できますが、マウンドが合わない東京ドームで勝ち星が少ない。こうした事実もハンデに加味される材料です。特に『高低で勝負する』投手は、マウンドの高さで結果が違ってきます。もっとも主催球場では、投手ごとに高さを変えるケースもあるようですけど。

競馬では1頭を追いかければ勝てると言われますが、野球賭博でも、安定した成績を残せるピッチャーを追いかければ勝率が上がるでしょう」

開催球場、両チームの対戦成績、両チームの打撃成績、先発投手との個人対戦成績、そしてケガ情報など、ハンデは様々な数値と情報を元に加味されるため、実際には先発投手の防御率とかけ離れた数値が出ることもあるという。

「先発投手の読みが外れたケースもそうですが、要は、私が読む試合展開と、胴元のハンデが違っているケースで大きく張ります。競馬にたとえれば、勝つチャンスが3

割ぐらいあるのに、単勝が10倍近いケースですね」

野手では無理なハンデを数値化したキャスター

疑問に思うのは、ハンデの発信源である。よほどプロ野球に詳しい素人が関与しているのでは、と思ったが、元選手はこう語ってくれた。

「プロ野球賭博に関しては、元プロが確実に関係しています。しかも投手上がりの人物。でなければ、1・5だの1・7だのという、微妙な小数点のハンデは出せません。胴元が微妙に儲かる数値が出てくるんですが、あれは野手ではつけられないんです。

一時期、元投手がキャスターを務めるスポーツ番組で、『この選手が50点、あの選手が60点だからこのチームは200点』などと、セ・リーグのチームを数値化したことがありましたよね。その元投手が『ハンデに関係している』との噂を聞いたことがあったんですが、まさしくハンデの考え方。その番組を見て、『噂はホントだったのかもしれない』と思いましたね。

高校野球は違います。今でもハンデ制の賭博はあるようですが、特待生制度によってチームの実力差が大きくなった。そのため『枠ごとに高校を配置する、競馬の枠連システム』にしてテラ銭を取る形式のほうが多くなっています。これなら胴元が損をしません。08年の夏の大会を見ても、7点差をひっくり返したり、いきなりビッグイニングになるケースが多く、あれでは胴元も読み切れませんよ」

百害あって一利なし！　選手の八百長

かつて、元巨人の桑田真澄が登板日漏洩疑惑で謹慎を余儀なくされたことがあった。当時のマスコミは過剰報道で、まるで桑田が八百長を仕組んだように書いたが、「あれは桑田が上手く利用されましたね。桑田自身に『賭博に関わっている』という意識はなかった。そこが上手かったんです。桑田が帽子を飛ばして投げていたヤクルト戦では、『1点で抑えたらロレックスの金ムクをやるよ』と言われてたそうです。桑田は腕時計を収集するほどのマニアでしたから、必死に抑えていたとか。義兄の不動産問題で数十億の借金を抱えてしまったように、若いころの桑田には、人を疑わないところがありました」という。それから数年後、桑田の登板したある試合で、夕刊紙などが「疑惑のプレー」と書き立てたシーンがあった。一死満塁でピッチャーゴロ。誰もがホームに投げると思った場面で、桑田はセカンドに送球。慌てたショートの川相は飛びつこうして転倒。骨折までしてしまった。結局この失点で巨人は負けたが、「桑田が二塁に投げたのは、二塁で殺せる、と判断したからです。逆に川相はそのプレーが瞬時に予測できなかっただけのことです。

私自身、野球賭博絡みでの試合をしたことは一度もありません。野手一人をつかまえて『わざと三振しろ』『大事な場面でエラーしろ』と言っても勝負のかかった9回裏、二死満塁一打逆転の場面でもない限り効果は低いんです。しかも『エラーしろ』などという命令には絶対に従えません。チーム全体に迷惑がかかるからです。

それなら先発投手を囲ってしまうほうが効率的です。八百長を企てようと思ったらピッチャーです。ど真ん中に投げても『コントロールミスだ』とか、いくらでも言い訳がききます。毎度毎度だと成績にも響きますが、〝ここ一番〟なら効率がいい。しかし、今は年俸査定も昔のようなどんぶり勘定ではなく、プレーごとに細かく評価されるんです。このような状況で八百長に手を出す選手はいません。いたとしたら、相当なネタ（弱み）を握られているか、よほどのバカかどちらかです」。

「好き嫌いのある審判」を囲むことは可能か

「審判を囲う？　うーん、判定があまりに露骨になると何を言われるかわかりませんので、難しいところでしょうね。ただし人間ですから、特定チームの監督が嫌いだとか、主力選手がイヤだというのは実際にあります。

ある試合、同点で迎えた9回表。無死二塁でファウルゾーンに飛んだ小フライの送りバントをダイビングキャッチしたとき、相手チームからワンバウンドだとクレームがつき、モメたことがありました。結局、判定は覆らずアウトになり、9回裏にウチがサヨナラで勝ったんですが、試合後、審判が『本当はどうだったんだ？』と聞くので『ノーバンでしたよ』と。すると、『（敵チームの）A監督はホントにイヤなヤツだな。俺大嫌いなんだ。どちらにしてもアウトにしたけどよ』と言われたことがあります。さらに『（A監督のチームが）大量失点して負けてると気分がいいよ』と。それから注意して見てたんですが、その審判の判定は、大事な場面でA監督のチームに不利になってましたね。

選手や監督に好き嫌いのある審判を〝上手に利用できる〟なら、勝負を決する場面での、際どいコースの判定に手心を加えてもらうことは可能でしょうね」

八百長試合は1リーグ時代から黒い霧事件までの間に何度か企てられているが、ことごとく失敗している。

「ハンデに沿って負けるなんて、チームプレーの野球では不可能です。それでなくとも野球は偶然性の高いスポーツ。1点が取れるかどうかなど、誰にもわからないんです」

今日もまた、日本中でプロ野球に大金が張られているが、「絶対に勝てる」という保証はどこにもない。

今問い直される応援団のあり方

プロ野球を食い物にする暴力団

08年開幕直前に、中日ドラゴンズの私設応援団に突きつけられた「活動禁止」。
そのことから浮かび上がってきた応援団と暴力団との関係、
そして、球界の浄化を目指す『プロ野球暴力団等排除対策協議会』の存在。
過去の因習からの脱却を迫られる応援団の今後のあり方とは——。

文／中村素至

ライトスタンドから鳴り物応援が消えた!?

08年ペナントレース開幕戦、ナゴヤドームのライトスタンドからトランペットなどの鳴り物が消えた。声援と拍手だけが響く応援。ドラゴンズの私設応援団が応援活動を自粛したためであった。

開幕直前の3月26日、『プロ野球暴力団等排除対策協議会』から中日ドラゴンズの私設応援団2団体に応援活動禁止が通達された。『名古屋白龍會』に排除命令（球場への入場を禁止）が下され、『全国竜心連合（通称・竜心会）』は、「特別応援許可」が認められないことになった。これによって『竜心会』のメンバーは、入場はできるが、球場内での鳴り物を使った応援団としての活動が禁止されることになった。この時点で「2団体が暴力団と関係の疑いと判断」と、処分理由が一部で報道されている。

当然、この2団体以外のドラゴンズ私設応援団は球場での応援を許可されているわけだが、これを受けて他団体を含む『全国中日ドラゴンズ私設応援団連合事務局』は「明確な理由の通達なしに2団体が排除された」と抗議の意味で球場での鳴り物応援を中止したのである。

事態はこれだけでは終わらなかった。

『全国中日ドラゴンズ私設応援団連合』サイドの調査の結果、『名古屋白龍會』の団員申請者に「暴力団員でなくなった時から5年を経過しない者」が含まれていたことが判明（これは『特別応援許可規定』に抵触する）。しかし私設応援団連合は、『竜心会』に関しては「応援不許可処分は不当」とし、4月19日からは球場外で「特別応援許可証」の早期発行と観戦約款の改正を求める署名活動を開始する。

さらに6月19日、ドラゴンズ私設応援団所属のファン１０５人が「違法な禁止措置によって野球ファンとしての喜びを享受できなくなった」として社団法人日本野球機構および日本プロフェッショナル野球連盟・12球団を相手に『名古屋白龍會』『竜心会』の処分撤回を求める訴訟を起こす。7月29日、名古屋地裁で第一回口頭弁論が行われた。08年10月15日に第二回口頭弁論が行われ、被告側は「原告が訴えを起こすこと自体がおかしな話で、この訴えは無効である」と主張。裁判は継続中で09年4月13日に第五回口頭弁論が行われ処分撤回。和解を求める原告側とそれに応じない被告側の平行線は続いている。

機構と応援団との板挟みで困惑を隠せない中日球団

一連の処分と応援団の対応に困惑を示したのが中日球団である。

訴えに対し、「適正に暴力団等排除活動を推進しており、何ら問題はないと確信している」と表明した『プロ野球暴力団等排除対策協議会』に比べ、中日球団は「NPBの1球団として我々は彼ら（私設応援団）とは反対の立場を取ることにならざるを得ない。以前、排除が決定した時、我々は反対の意見を持っていることは示したが……」（西川順之助球団社長）（『スポーツニッポン』08年6月20日）「12球団で決められたことは、その一員として守られなくてはいけない」（伊藤一正球団代表）（『中日スポーツ』08年6月20日）と、何とも歯切れの悪いコメントを発表している。

「そもそも中日球団と私設応援団は、これまで友好的な関係がずっと続いていました。持ちつ持たれつで、双方にとってメリットがあったのでしょう。応援によってドラゴンズを盛り上げてもらいたい球団側と、さまざまな面で優遇される応援団側。利害が一致していたんですね。今回問題ありとされて排除されることになった『竜心会』はドラゴンズ応援団の中では、全国規模で最も大きな団体です。この団体のトップは前球団社長からの要請に対しては、二つ返事で協力するような関係にありましたからね」（メディア関係者）

その『竜心会』の排除には当惑を隠せない中日球団。

「球団系列のスポーツ紙には、読者投稿欄があり、ファックスやメールでも投稿を受け付けています。ところが開幕当初に起きた応援団排除の一件は、問題が法廷の場にまで大きくなっているのに、これに関する読者の感想がなぜか掲載されていません。これは不自然です。賛成・反対意見にかかわらず、おそらく投稿自体は相当数寄せられているはず」（前出・メディア関係者）

ＮＰＢ（日本野球機構）と私設応援団の板挟みのような中日球団の微妙な立場がうかがえるが、背景にはさまざまな問題がある。

今回の処分を下した『プロ野球暴力団等排除対策協議会』が発足したのは03年12月。プロ野球開催球場や周辺での暴力団関係者らによる犯罪、迷惑行為防止のため、12球団の営業担当者や本拠地球場責任者、警備担当者らで結成された。同協議会はＮＰＢ・プロ野球コミッショナー事務局の他、警察庁、日弁連・民事介入暴力対策委員会も運営に携わっている。

採択された『暴力団等排除宣言』

同協議会発足のきっかけとなったのは、この年、私設応援団と暴力団絡みの事件が相次いで明るみになったからだ。

2月、暴力団組長と巨人の私設応援団団長、東京ドームの警備員が共謀して不正に外野自由席を占拠し、ダフ屋行為を行ったとして逮捕。10月には阪神の私設応援団『中虎連合会』会長代行で暴力団幹部の男が甲子園球場の職員を脅迫したとして逮捕されている（事件自体はいずれも前年度に起きたもの）。

協議会発足時には『暴力団等排除宣言』が全会一致で採択された。

「だれもが安心して観戦でき、選手がフェアプレーに専念できる球場を守るために、私たちは力を合わせて暴力団および悪質な応援団の排除に取り組むことを宣言します。

1. 暴力団および悪質な応援団を球場に入れません。
2. 暴力団および悪質な応援団を、選手、監督、コーチらに接触させません。
3. 暴力団および悪質な応援団の不当な要求に屈しません。
4. 暴力、威迫など粗暴行為、ダフ屋行為、物品の無許可販売など、不正行為に対しては厳正に対処し、断固たる措置をとります。」

この宣言内容は、現在、プロ野球の試合を開催する全球場の出入り口に掲示されている。当時から問題になっていたのが、私設応援団が外野自由席を「席取り」する行為だ。

「応援団の人たちは、あらかじめ外野自由席に『席取り要員』を並ばせておいて、開場されると手早く物を置いて、後から来る仲間の席を確保してしまうんです。応援団連中が必要以上に席取りをして、他の一般客の迷惑になっている光景も目にします。やむを得ず立ち見をしている子ども連れのお客さんなんかが気の毒に思えることもありますね」（首都圏の球場に通う常連のプロ野球ファン）

私設応援団の懇親会で喧嘩

03年東京ドーム、05年ナゴヤドーム、06年甲子園球場と次々と外野自由席が廃止され、全席指定に移行したのも、少なからずこの問題が影響している。

「応援団員であることの特権意識」を持った人たちの行為が球場で顰蹙を買っていることも事実だ。

応援しているチームの攻撃中、子どもをトイレに連れていくため席を移動したら、「なんで席を動くんだ？　ちゃんと応援しろ！」と応援団に絡まれ、不快な思いをした一般客もいる。

「外野席は応援団がいるから行きたくない」

「鳴り物の応援がやかましいから行かない」

などというファンの声を耳にするのも当然だろう。

「一部の人たちなんでしょうが、応援団の人たちの粗暴な振る舞いが一般のファンに悪印象を与えています。中日では星野仙一監督時代に、私設応援団全体の懇親会が名古屋のホテルであったときに、応援団同士の喧嘩が始まってパトカーが呼ばれた事件もありましたね」（メディア関係者）

私設応援団は06年からは登録許可制になった。現在、プロ野球の球場では、応援団の入場をチェックする光景が見られる。私設応援団のメンバーは毎年住所・氏名などを各球団に登録し、組織的応援団活動のために球場に入る際は、各自に交付されたＩＤカードを提示しなければ入場できないことになっている。

元来応援団は「応援活動でファンを盛り上げ、集客効果につなげるため」球団の主導によって生まれたものだった。やがてプロ野球の発展とともに形を変え、私設応援団として存続し、現在に至っている。

「スタンドに女性や子どもの客が少なく、客層が競輪場や競馬場に似た殺伐とした雰囲気だった時代、応援団は自警団的な役割も担っていました。その見返りとして球団側が応援団に入場券を優遇するなど、持ちつ持たれつの関係が続いてきたのです。そのチケットが暴力団の手に渡り、ダフ屋の収入源となる図式も長く続いていました」（メディア関係者）

こうした過去の悪弊を断ち切ろうと『プロ野球暴力団等排除対策協議会』は球界の浄化への取り組みを始め、応援団の在り方が問い直されようとしている。

故障者情報を入手、野球賭博に利用するケースも

セ・パ両リーグで活躍し、人気選手だったあるプロ野球ＯＢは語る。

「現役時代、応援団の人から筆文字の名刺をもらい、顔見知りになって食事に行ったことがあります。彼らにしてみれば、選手と関係が深いほど『応援団におけるステイタス』になることはあるみたいですね。当然ながら、レギュラークラスの選手と遊びたがります。プロ野球選手って、年俸が高額になるほど何やるのもタダなんですね。ある選手など、携帯のお気に入りの番号をもらっていました。下４ケタが『０００３』とか、わかりやすい番号です。自分の背番号と同じ番号がもらえれば嬉しいですが、こういうことって一般の人にはなかなかできない。自分の力によって選手に喜んでもらえれば、それがステイタスなんですね」

暴力団関係者が選手の後援会を通じて接触を図り、故障者情報などのチーム事情を入手し、野球賭博に利用されたケースも『プロ野球暴力団等排除対策協議会』で報告されている。

『対策協議会』が私設応援団で暴力団とつながりのある者の存否に神経を尖らすのも当然だろう。暴力団はフロント企業や右翼団体などの隠れ蓑をもっていることにも要注意だ。

応援曲の著作権料が新たなシノギに

暴力団はダフ屋行為でプロ野球を食い物にするのが定番だったが、最近では巨人戦のチケットでさえ金券ショップで定価割れ販売される時代となり、新たな違法ビジネスも見られるようになった。

05年、阪神タイガースの私設応援団『中虎猛虎会』が『タイガース選手別応援歌』CD収録曲のうち、作詞・作曲者が不詳の『ヒッティングマーチ1番』『同2番』を『中虎猛虎会』が作詞・作曲したものと偽り、『日本音楽著作権協会（JASRAC）』に著作権者として登録。不当な著作権料を受け取っていたことが判明し、著作権法違反の疑いで、『中虎猛虎会』の元会長が逮捕された。

この事件を受けて私設応援団は『中虎猛虎会』が作詞・作曲した選手別応援歌を一掃し、ほとんどの応援歌が差し替えられることとなった。

応援曲の利権にまつわるスキャンダルまで噴出した私設応援団問題だが、この応援曲の演奏自体にも大きな問題が孕まれている。

騒音は規制されるべきか、応援の楽しみを奪うものか

そもそもかつてのプロ野球では、トランペットで応援テーマを演奏する風習はなかった。75年に広島カープが初優勝した際、選手の打席にトランペットでコンバットマーチが演奏され、「かっとばせ～××！」というコールが響くようになった。万年下位球団だった広島の初優勝。その応援スタイルは「高校野球のようだ」と当時は異端に映ったが、一過性のブームに終わらなかった。他球団にも波及し、80年代になってトランペット演奏が定着したのである。

しかし、この鳴り物応援は、本当に現場の選手や野球ファンが望んでいるものなのだろうか。トランペット応援が主流になる以前は、鳴り物といえば笛や太鼓程度で、のべつまくなしに音をかき鳴らすものではなかった。

投手が投球動作に入ると観客は固唾をのんで見守るような光景がごく当たり前に見られたのである。それが本来の野球の楽しみ方ではないだろうか。

「昔の球場にはこんな騒音はなかった。打球音で判断してスタートを切る外野手にとってはプレーの妨げになるだけ」

と苦々しげに語るプロ野球ＯＢもいる。騒音対策として耳栓を持参して球場に通う野球評論家もいるほどだ。外野手の間に上がった打球を、どちらが捕球するか声を

あげてアピールする際も、球場によってはその声がかき消されるような状態も見られる。プレーの妨げにしかならない騒音は規制すべきではないだろうか。

一方で、「外野席と内野席の楽しみ方は違う」という声もある。「外野席で応援団の演奏する曲に合わせて、一緒に選手の応援歌を歌うのが楽しい」という観客が存在するのも事実だ。「野球観戦を楽しんでいる」というよりも、むしろ「応援行為自体を楽しんでいる」人たちなのであろう。しかし、接戦であろうが、点差の開いたゲームだろうが「かっ飛ばせ～××、ホームラン」と絶叫し、応援歌をルーティン通りに響かせているのは、グラウンドのプレーに背を向けた行為に思えてしまう。

快速球がキャッチャーミットに収まる音、鋭い打球音を体感できないことは、野球観戦の醍醐味の一つを奪っているように思えてならない。

80年代は隆盛を極めた鳴り物中心の応援も、近年は次第に姿を変えつつある。90年代半ばから千葉ロッテマリーンズが始めた拍手と声援主体の応援は、次第に他球団の応援スタイルにも影響を及ぼすようになった。05年に誕生した新球団・東北楽天ゴールデンイーグルスは、トランペットを完全に排除した応援スタイルを採用した。メジャーリーグを意識した「ボールパーク」の雰囲気づくりに成功し、ファンの大きな支持を得ている。応援スタイルを含めて、私設応援団の在り方が問われる曲がり角の時期が来たのではないだろうか。

打ってはいけない暗黙の場面

プロ&高校「球界〝裏ルール〟」

大量得点差のピッチャーは三振し、
ツーナッシングからの一球はボールと判定される。
また高校野球では、最後のバッターはなぜかヘッドスライディング。
そこには球界の不文律が存在する。
ルールブックの枠を超えた「人間ルール」を一挙公開！

文／永谷 脩

プロ野球編

2―0、0―3の判定

巨人Ｖ９時代には「ツーナッシングから打たれたら罰金」という規則があった。投手は意味なく一球外すことが多かった。だが、どの投手も「少しでも早く打ち取りたい」という思いがあった。３球で終わらせたいのが投手心理だが、２―０の場面では不思議と判定が厳しくなく、「少しでも長く打席にいさせてあげたいという心理が微妙に判定を左右することもある」とある審判員が言えば、「ストライクを投げてこないという前提に立っているから、ボールと言ってしまいやすい」という声もある。「どうせ取ってくれないと思っているから、無理していい球を投げるより『次にとってきたい』という気持ちが働く」という投手もいる。

打者でも、０―３からの際どいコースをストライクとコールしても文句は出ない。これも審判を安心させる理由となっており、〝コールしやすい場面〟ということになる。打者も、判定に文句をつけて損をするより、次球への布石としたほうがいい。両者は「暗黙の場面」と言えるだろう。

あるベテラン投手は言う。

「きっちりと判定をしすぎる若い審判には遊び心がない。〝暗黙のルール〟がなくなるのは寂しい」

厳しいルールに従っているのだから、たまに息抜きの場面があってもいいのでは、ということだろう。「2—0からのボール、0—3からのストライク。いずれのコールも〝救済〟だが、人間だから許される」と言った審判部長もいた。

微妙なタイミング、勝っていればアウト

併殺プレーの場合、明らかにベースを離れていても、タイミングと流れでアウトにするケースもあるが、審判も人の子。微妙な判定では「勝っていればアウト、負けていればセーフ」という声がある。

「勝っているチームとすれば、早くゲームを進行したいという思いもあるので問題にならない」と、かつてある審判も言っていた。その代わり、負けていればチャンスを与えるためセーフにするという。その判定の微妙さは、後に「●●の恋人」などと言われるようになってくる。大量点差で「早くゲームを進行して家に帰りたい」と思うのは、審判もファンも同じだろう。

プレイボールの初球は見送り

審判の「プレイボール」のコールで開始された試合。投手は気持ちよく第1球を投げたいものだ。特に開幕戦や日本シリーズの初戦はそうだが、最近、初球をいきなり打ってくるケースが多くなっている。

「トップバッターには、相手投手に多く投げさせ、その日の調子を判断するという役割がある一方、投手にもその日の調子を確かめながら投げたいという気持ちがある。それをいきなり打ってくるのは礼儀知らず」とは、稀代のサブマリン・山田久志（元阪急）。もっとも〝江夏の21球〟の舞台となった広島対近鉄の第7戦。1点差の9回、「初球から打ってこない」という思惑から簡単にストライクを取りに行った結果、メイクドラマが起きている。

〝お約束〟を破ったときにドラマが生まれる、ということか。

投手に内角を投げさせた捕手を狙え

投手には内角を攻めないというのが、投手間同士の暗黙の決まり。コントロールミスか、はたまた狙ったのか、投手の内角に投げる若いピッチャーが多くなっている。

そんなとき、「やられたらやり返せ」と狙われるのは捕手だ。「内角を投げさせた」というわけだ。ベンチから「厳しく投げろ」と指示が出た場合、報復を恐れて「ベンチから指示が出た。少し離れてくれ」と囁く捕手もいるそうだ。「狙って投げた球はすぐわかる」とは打者の言葉。死球記録をもつ東尾修のように、「おまえのようなヘボ打者にぶつけるなんてしないよ。こっちが損だから。脅し程度でガタガタ言うなという豪の者が球界を支えていれば乱闘も少なくなるはず。

もっとも、08年限りで引退したオリックス清原の打席で内角を狙ってぶつけようものなら、「おまえんとこの若い衆は礼儀を知らん」との電話が入ったという。変化球を投げない、内角を攻めないというのも暗黙の掟になっていたのかもしれない。

大量点差の終盤、投手は打ってはいけない

「ゲーム進行に協力する」というのも選手の重要な役割。メジャーでは、力と力で勝負する一方、弱った相手を必要以上に叩くのは不必要とされており、エースは大量得点差の終盤で絶対に打ってこないのを常としていた。打席で三歩下がって空振りするのが風格ある投手とされたが、この暗黙のルールもいつの日からか変わってきた。星野仙一率いる中日（第一次）では、あっさり三振して帰ってきた投手が殴られたとい

う話もあった。巨人戦でリードしていたヤクルトの藤井（現・日本ハム）がヒットで出て、「礼儀知らず」と言われたこともある。藤井は「新人だったのでルールを知らなかった」と平謝り。

なお、かつての巨人では、投手の打撃査定はほとんどなかったという。

大量点差の終盤、盗塁してはいけない

「戦う体を失ったものを、それ以上痛めつけるのは武士としていかがなものか」という野球道の流れから、「大量得点差の終盤、得点圏に走者を走らせるのは無礼千万」というのが、大量得点差での盗塁だ。メジャーでは「走るのなら勝手にどうぞ」と盗塁の記録がつかなくなったのが80年代後半。当然査定もされない。

日本でも記録上無効と改正されたのが03年。その判断は記録員が「状況を見て判断」するのだが、その基準は「大量得点差で、守備側がまったく走者を牽制する意志を見せずに塁を離れた場合」となっており、08年、ソフトバンクの本多が記録上無効とされた試合があった。

自軍の選手にタイトルを獲らせろ

ナイン＝9人で戦うべき、というのが野球の根底にある。当然仲間を大切にするべき、ということから、自軍のタイトルのかかった選手は、少々の犠牲を払っても助けるのが不文律とされてきた。タイトル争いのライバルにホームランを打たれ、あとで大目玉をくらったのが横浜の福盛（現・レンジャーズ）など数人いた。

82年、中日の田尾と大洋の長崎が首位打者を争っていたときのこと。大洋は田尾を4打席連続敬遠し、長崎の勝ちに尽くした。この試合では中日に優勝がかかっており、結果、中日は勝って優勝。田尾も最高出塁のタイトルを獲得した。

勝ち星がかかった投手の、ライバル選手へ投じる一球はヒヤヒヤものだ。

外国人選手にタイトルや記録を作らすな

日本人が世界に誇る記録をあっさりと塗り替えるのが助っ人選手。日本記録がかかった試合で勝負を避けるケースは少なくない。

王貞治の年間本塁打記録に並んだときの対応に、それが表れた。01年のローズ（近鉄）と02年のカブレラ（西武）が56本目を狙ったとき、当時のダイエー投手陣は勝負を避けていた。「打たせるな」とはコーチの指示で、当の王監督から指示はなかったが、「王監督の記録を守る」というこだわりが部下の配慮となった。王のもつ7試合連続本塁打と並んだ阪神のバースが、8試合目で勝負を避けられたという。

メジャーでも、ベーブ・ルースの記録をマリスが追い越したときのブーイングはすごかったというように、偉大なスターの記録を塗り替えるのは並大抵ではないのだろう。

高校野球編

最後の打者はヘッドスライディング

高校野球でほぼ絶対に見られる最終打者の一塁へのヘッドスライディング。駆け抜けるのとヘッドスライディングのどちらが速いかといえば、断然走り抜けだが、ヘッドスライディング＝高校生らしいという大義名分から、暗黙のうちに義務づけられている。

ある強豪校の部長は「2点差以内なら走り抜け、大量点差で負けているならヘッドスライディングとミーティングで教えている」という。「高野連の機嫌を損なうと、のちのち面倒ですから」とも付け加えた。

「2時間以内」が審判の評価

1日4試合を行う甲子園の高校野球を裁く審判は、大学・社会人から選ばれた3人と地方から選出された1人で構成される。主審における「いい審判」の判断基準は試合時間とされている。そのため、攻守交替のときなど、審判がうるさいほど全力疾走を求めるのだ。審判控え室での会話は「いい判定だったか」というより「試合時間」に関することばかり。2時間以内で終えた審判の、胸を張って冷水を飲む姿は、何とも誇らしげだった。

審判への抗議は御法度

審判は絶対的なものと徹底的に教え込まれる高校野球では、審判への抗議はとんでもないことである。高校野球では監督に抗議権はなく、ルールの解釈における主将の質問のみが許されている。解釈の違いを協議した結果、判定が覆ったことがあるが、抗議で判定が変わることはまずないのだ。万が一抗議でもしようものなら「教育上よろしくない」として、高野連から部長に厳重注意が言い渡される。高校生から直接抗議しようものなら、即「問題児の烙印」が押されるハメになる。

ある高校の監督が「生徒がかわいそう」と、堂々と抗議をし、高野連に質問状を送ったところ、監督が辞任する結果となったことがある。民主主義とは縁遠い絶対主義がそこにある。

見えない意志が働く「公立ボール」

高野連は、何度も優勝している甲子園の常連校より無名の公立校のほうが好きだ。野球学校の中でも「学業優秀で国立大学進学」となると評価が高い。公立高校が出場すると判官贔屓になるのか、判定基準に平等さを欠くことがある。一方、主催する新聞社の売れ行きとも関係して、話題校、話題選手が残っていたほうが成果も上がる。商売絶対主義とは言わないが、「主催者側の意向」が反映されることも意外に多いのが事実だ。

その昔、都立国立高校の甲子園出場に日本中が注目したが、その後、都大会決勝に進出した都立高校には有利な判定が続出している。また、かつては遠隔地の公立高校が出場すると大拍手で迎えられた。北海道や沖縄の公立高校が出場したときの声援の多さは、甲子園の判官贔屓と言われた。部の予算や部員数に差のある高校に温かい目を向けるのは武士道の精神にのっとっているというわけだ。そんな中、主催者の意向が、試合を司る審判に伝わっていても不思議ではないだろう。また、そうした空気が阿吽の呼吸でわかる審判こそ評価が高まることとなる。

怪物・江川の出場した73年は、「いかに江川を生き伸ばすか」という大会だった。結果、高めのボールでもストライクの判定。本塁突入でも走塁妨害をとらなかった。作新学院という野球校でありながら「国立コースのエリートで文武両道の怪物」という江川と、初戦で対決した地元大阪・北陽高校のある部員が、「審判も観衆もすべて江川の味方だった」と語ったことを覚えている。

江川の後の怪物・松坂大輔の京都成章との決勝戦では「ほとんどスライダーをストライクにしていた」と周囲が感じるほどだった。また、星稜・松井秀喜を4連続敬遠した明徳義塾に対しても、厳しい判定が多かった。

記憶に新しい07年の決勝戦も、球場全体が佐賀北高校の味方となった。誰が見てもボールなのにストライクとコールされてピンチを防ぎ、微妙だった相手チームのスクイズもすべてアウト。こうして決勝戦までやってきた。8回裏、膝上への一球がボールと判定され押し出しとなり、次打者の満塁本塁打で大逆転。公立普通校の66年ぶりの優勝となった。

試合後、対戦相手の広陵高校の監督は抗議したが、後に高野連に謝罪している。

高野連の理想は「野球も勉強も一所懸命にやる人の大会」。主催者側の空気が球場と審判に伝わっているようだ。

一夜で家族丸ごともぬけの殻！　日本一の「球団強化術」

「寝業師」根本陸夫の真骨頂

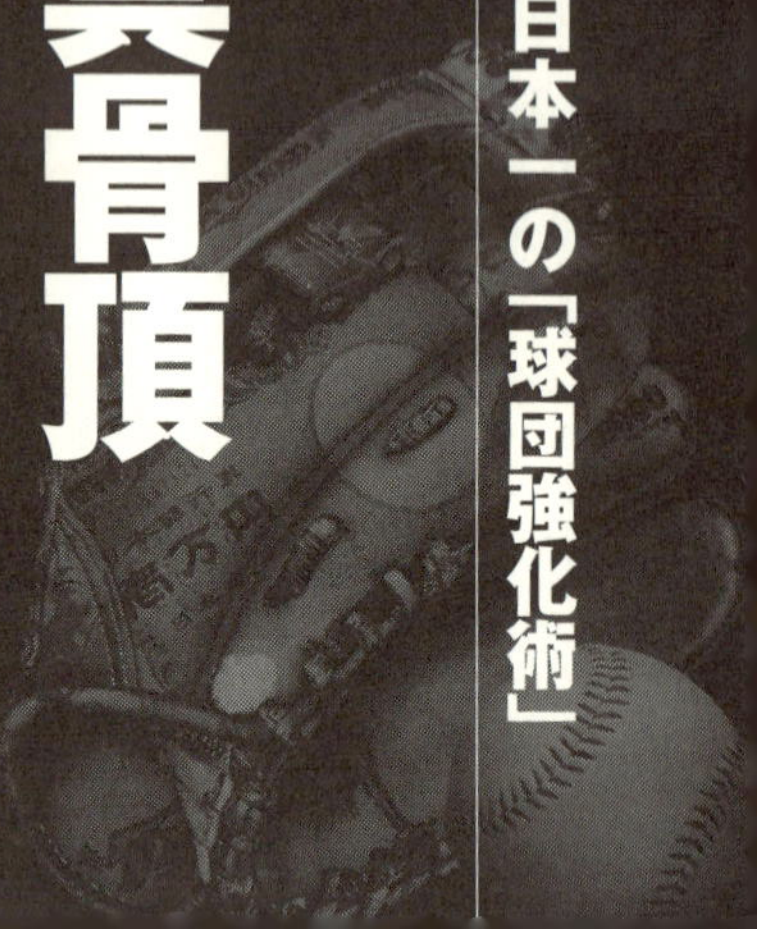

「プロ野球球団を強くしようと思ったら、少々強引なことをしなければならない。他球団と同じことをしていては勝てないからだ」
――きっと、こんな考えが根底にあっただろう。
脈々と受け継がれたその手法は、巡り巡って裏金問題に発展したが、スケールが違う。西武・ダイエーの黄金時代を築いた男・根本陸夫の根底には、強烈な〝イズム〟が存在した。

文／永谷 脩

一家丸抱えの獲得、法律すれすれの手法

08年快進撃を見せる埼玉西武ライオンズが誕生したのは１９７８年オフのこと。堤一族の強力バックアップを得てクラウンライターライオンズを買収、チーム作りを始めた。怪物・江川卓の指名権をクラウンが有していたこともあり獲得に動いたが、巨人と江川の密約の前に断念。これをきっかけに西武は打倒巨人に燃えるのだが、その背後にはオーナー・堤義明の威信を懸けた戦いがあった。

そんな状況下で暗躍したのが、寝業師と呼ばれた根本陸夫である。時はバブルの真っ只中。「金の心配はしなくていい」と、政界・財界・裏社会の人脈を通じて数々の根回しに動き、多くの選手を獲得してきた。根本とコンビを組み、フロントにいた坂井保之（プロ野球経営評論家、元西武・ダイエー球団代表）を筆頭に、彼らの忠実な部下が手足となり、「法律すれすれのこともやった」と語っている。

その一つが、江川獲得に敗れた西武の、松沼博久・雅之兄弟のドラフト外獲得である。兄博久を巨人が獲得に動いたのを知ると、松沼の父が経営していた会社に、西武が持っていた利根川の砂利の採掘権を与えた。いわば一家丸抱えだ。これは後に、西武が松坂大輔（現レッドソックス）を獲得する際、松坂の父を西武運輸の子会社に、弟を国土計画へ就職させるなど、一家の面倒をみる形で獲得しているが、この伝

統は「栄養費問題」でプロアマの裏金疑惑が発覚した07年まで生きていたことになる。

78年にロッテを拒否して住友金属に入社した森繁和（現中日コーチ）をドラフト1位で獲得したのは根本の法大人脈。2位の柴田保光も、根本が九州人脈を通じてあけぼの通商に柴田を預けた結果である。

プロの凄みを発揮した工藤公康の獲得

80年、西武は系列に社会人野球のプリンスホテルを持ち、そこを迂回しての選手獲得に成果を見せ始める。

駒大時代からプロが注目した石毛宏典をプリンスホテル経由で入団させたのを皮切りに、高山郁夫（秋田商、日本ハム指名）、川村一明（松商学園、阪急指名）の高校生の逸材を他球団が指名するやプリンスホテルに入社させ、家族も地元のプリンスホテルに入社させる形をとる。そして後に3位以下で指名して西武入りさせる手法こそ根本の考案である。ハワイ出身のデレク・タツノをメジャーと競合しながらプリンスに入れ、後の西武入りを狙ったが、これも「マウイのプリンスで家族を一生面倒みる」という会社挙げてのお墨付きがあったからこそできたこと。

こうした根回しを、根本は電話1本でオーナー秘書とやりとりしていたと言われる。

このころの根本の口癖は「どこかにおもしろい選手はおらんか」だった。これに応える形で情報を持参すると「これでメシでも食えや」とさりげなく小遣いを渡すのが常だった。領収書がもらえない金を動かすのが上手だったのである。こうした情報から獲得したのが秋山幸二（現ソフトバンク監督）や小野和幸らのドラフト外入団組である。後にやり投げや分校出身の選手も入団してきたが、彼らの情報こそ、根本人脈のもたらすものであった。

81年に名古屋電気を甲子園ベスト4に導いた工藤公康は、複雑な家庭環境もあり、社会人の熊谷組に就職が内定していた。他球団が手を引く中、「まだ内定だけ」と知ると、根本は家族に食い込み、切り崩しにかかる。工藤本人を六本木のプリンスホテルに隠す一方、家族を一夜にして引っ越しさせているのだ。工藤家に熊谷組の関係者が訪れたとき、もぬけの殻となっていたが、当時の熊谷組関係者は今でも語る。

「悔しさはあったが、一夜であれだけのことをやってのけた根本さんに、プロの凄みを感じた」

79年から西武監督を務めた根本は81年限りで管理部長に専念、後任監督に広岡達朗、ヘッドコーチに森祇晶を招聘。実質的なGM職となるが、ワンマンオーナーの堤からして「現場はすべて根本さんに任せてある」と言わしめたほどである。

桑田指名を見抜いた根本西武の清原指名

根本は「チームを強くする屋台骨は捕手にある」として、逸材を探し求めていた。その一人が伊東勤（前西武監督）だ。熊本工の定時制（4年）に籍を置いていた情報をつかむと、所沢高の定時制に転校させ、球団職員として面倒をみながら、卒業時に1位指名している。

「戦力として欲しい選手ならば、どんな形にせよ獲得するのがプロじゃないか」

根本の考え方である。本当に欲しいならば、どんな手段を使ってでも獲得するのがプロという認識から、ダイエー（現ソフトバンク）に移っても、果敢に指名するケースがあった。別府大付高の大型捕手・城島健司（現マリナーズ）もその一人である。駒大進学に傾いていた城島を指名、根本の後任として監督就任が決まっていた王貞治に高校を表敬訪問させ、入団までもっていった。

このとき、そもそも城島に「駒澤大学に進学する」と公言させた人物こそ根本であるとの噂もあった。どちらにせよ、世間から批判されたほどの強引な指名であった。

こうした結果、西武では伊東が、ダイエーでは城島が一人前に育っている。両チームとも黄金時代を迎えていくのだった。

85年、桑田真澄（元巨人―パドレス）、清原和博（元西武―巨人―オリックス）の

ＫＫコンビがＰＬ学園から入団したときのこと。巨人は早大進学を匂わせる桑田の獲得を狙っていた。清原を1位指名して、あわよくばＫＫコンビを二人とも獲得しようという絵図さえ描いていたが、その戦術を見抜いたのが根本だった。

ドラフト前夜、巨人サイドに「西武は桑田獲得に動く」という情報が流れた。巨人は当時の監督・王貞治に相談、4番の清原かエースの桑田か二者択一となり、桑田を選択した。そこで西武は、5球団競合の末に清原獲得に成功するが、後に根本は、「あれは巨人だからできたこと。本当に欲しい選手ならばそうすべき」と平然と語っている。蛇の道はヘビしかわからない、ということだろう。

根本が仕掛けた数々のトレード

根本にはチーム作りのポリシーがあった。若手には優勝経験のあるベテランをつけて育てる。野手は常時出場させることで上手くなる。華のある選手を獲得すればファンが集まってくる。こうした発想の元、トレードも果敢に行っている。その点、他球団の人間関係情報を得ることに長けていたが、これはスカウトの面倒をよくみたためである。

ロッテの金田監督と折り合いの悪かった野村克也にいち早く接触、新人の松沼兄弟の教育係にしたり、阪神の小津正二郎球団社長と契約更改で揉めていた田淵幸一を獲得するにあたり、若菜嘉晴、真弓明信らの中堅を交換要員として放出。秋山幸二のようなホームランバッターが田淵の姿を見ながら育っている。このあたりも根本らしい人の育て方である。

だが、西武は「どんなことをしても強くなる」という創設期を経て黄金時代を築くと、無駄を排除にかかった。余計なことをせずとも優勝できる。そう思い始めたところで根本の影が薄くなっていった。

その時期、一代で大型スーパーを築き上げたカリスマ経営者・中内㓛は、強くなるために必要なら金はいくらでも出すという発想をもっていた。そのための根回しができるのは根本しかいない。坂井保之がダイエーに移っていたこともあり、西武時代の黄金コンビが福岡で復活したのだ。

93年にダイエーの代表取締役専務兼監督となった根本は考えた。チームの体を成すには、負け犬根性の払拭であり、優勝経験の血の導入であった。

ＦＡで石毛、工藤、松永浩美（阪神）を獲得する一方、秋山幸二・渡辺智男・内山智之と佐々木誠・村田勝喜・橋本武広の3対3のトレードを敢行した。秋山が同じ九州の熊本出身で、当時の西武・森祇晶監督とソリが合わなかったこともあり、同一リーグのトレードがスムーズに行われている。

田淵のトレードでは「東京出身の彼を生まれ故郷に戻す」という大義名分をもってファンを納得させているが、秋山でも同じである。上京して成功した男が故郷に錦を飾る。九州のファンは大歓迎した。松永にしても九州出身だが、ここにこそ根本の狙いがあった。

西武時代と同じ手法でダイエー常勝軍団を築く

ダイエーのチーム構成に関し、「スターとなれる野手がまず必要。3分の2は地元九州の出身者。残り3分の1を全国に埋もれる逸材で固める。これで常勝軍団はできる」と語った根本が真価を見せ始めたのは91年ごろである。4球団指名で巨人を熱望していた若田部健一の指名に動き、翌年には早大を中退した大越基を獲得するのに、アメリカに行かせた上で指名している。ここでも、西武時代の「欲しい選手はなんとしてでも獲る」というプロ意識による手法が生きている。その真骨頂が93年の小久保裕紀。バルセロナ五輪の大学生唯一の代表であり、「チーム作りの礎として固定できる野手」のターゲットとなった選手である。巨人が攻勢をかける中、根本は小久保の母親が営む店にダイエーに出店する権利を与え、少年野球時代からの指導者を徹底してマーク、囲い込みに入り、その結果、逆指名を狙う巨人を断らせている。その小久保をあえて2位指名して神奈川大の渡辺秀一を1位指名。翌年に城島を1位指名。一方、投手は大学・社会人のみに狙いを定め、即戦力としての形作りに専念している。「まず戦う集団としてのチーム作りができてから育成が始まる」とは根本戦略の一つであるが、3年目あたりから斉藤和巳など高卒投手を指名する一方、アトランタ五輪の中心選手だった井口忠仁、松中信彦、柴原洋らの獲得に動く。井口の実家にはローソン出店の権利を与え、松中は新日鐵君津、柴原は九州共立大時代からの根本人脈が活かされた。

根本はダイエーの優勝を見ずしてこの世を去ったが、西武同様、ダイエーも根本が根付かせた人材による優勝を果たした。今でも根本の命日に、仏前に届けられる献花の数は百本をくだらない。

かつて根本がしみじみと語ったことがある。

「清濁を咬み合わせて、俺の後を引き継げるとすれば、星野しかおらんやろ」

根本亡き後、チーム作りにおいてホークスは低迷。星野は北京五輪で失敗。やはりこの世界、根回しのできる寝業師の存在が懐かしく思える。

第二章

球界の金の卵

〝アドバイザリー契約〟が巻き起こした悶着

野球界と用具メーカーの「怪しげな関係」

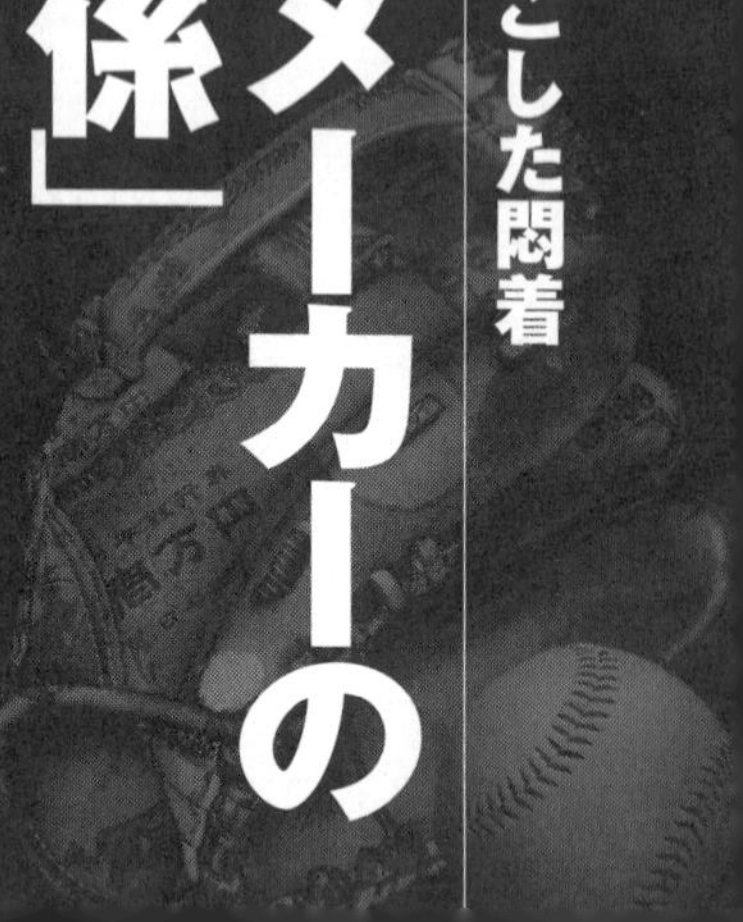

甲子園の強豪校やプロ野球の人気選手には、
野球用具がメーカーから提供される。
露出が増えるため、宣伝効果が狙えるからだ。
野球人気がピークだった数年前、
メーカーはこぞって人気選手を奪い合っており、
舞台裏では数々の知恵や戦略が蠢いていた。

文／高崎外志春

星野ジャパンの惨敗でメリットがなかった五輪

「I AM THE SWIMMER」——泳ぐのは僕だ。

08年6月に行われた競泳のジャパンオープン。世界の競泳界を席巻するスピード社製の水着、レーザー・レーサー着用を巡って揺れる周囲に対して、ミズノと契約する北島康介が、抗議の意味を込めて作ったTシャツにはこう書かれていた——。

北京五輪を取材したスポーツ紙の記者はこう言う。

「北京の競泳36種目中33種目の優勝者がスピード社製の水着を着用していました。そりゃ、実際に競技をするのは選手だけど、誰が見ても、水着のお陰もあると思うでしょう。スポーツ用品メーカーの戦いは、イギリス・スピード社の完勝です」

競技別の視聴者数は発表されていないが、世界中で延べ400億人以上が視聴するオリンピック。その金メダリストが着用しているユニフォームに、メーカーのロゴやマークが入っているだけで、その宣伝効果は莫大なものになるのだ。

「競泳はまだ、メーカーのロゴが映る時間はほんのわずか。これが、人気の女子マラソンともなると、放映時間が長いですから、常に先頭集団を走って優勝した場合、その宣伝効果を広告費に換算すると約1億円にもなります」

とは大手広告代理店関係者の話だが、同じ長時間の放映でも、団体競技の野球の場合は、ちょっと趣が変わってくる。

例えば、デサント所属の競泳の柴田亜衣は、本番直前まで迷いに迷い、最終的にスピード社を選んだのだが、プロ野球の世界ではまずそんなことはありえない。販売促進部門にもいたことがあるスポーツメーカーのベテラン社員が言う。

「野球は最初からユニフォームが決まっていますからね。となると、あとは用具。でも、あれだけプロの一流選手が集まっていますから、すでにメーカーとアドバイザリー契約を結んでいる選手がほとんど。他のメーカーにとっては何のメリットもないんですよ」

野球でも、アマチュア選手が出場していた頃は、グローブやバットなどを使ってもらうために、オリンピック開催地にまで各メーカーがこぞって足を運んでいた。自社製品（野球用具）がテレビに、少しでも映し出される宣伝効果を狙ってのものだ。そして、北京でも選手と契約しているメーカーは、星野ジャパンの快進撃を期待していた。ところが、予選リーグ初戦、キューバ戦の視聴率が27・0％と好発進したところまでは思惑通りだったのだが、その後まったくの尻すぼみで、メダルさえ取れなかったのはご承知の通り。応援した野球ファン以上に嘆いたのは、メーカーの若手販売促進担当者だった。

「これだけ地上波でのプロ野球中継がなくなった今、試合開始から終了まで中継してくれるオリンピックには期待していたんですが、あれではねえ……。こちらとしては、選手が使用している用具のロゴが少しでも長く映れば、それで良かったのですが……」

汗と涙の甲子園の裏で蠢くスポーツメーカーの暗躍！

地上波の野球中継でも、試合開始から終了まで完全中継をしてくれる大会がある。春と夏の甲子園大会だ。

名門高校のエースとして活躍、ドラフト上位でパ・リーグの球団に入団したあるプロ野球ＯＢが振り返る。

「用具の提供は高校野球のときがすごかったですよ。僕らのときは業界大手のＭ社が、甲子園に出るチームに投手用のグローブをばらまいていました。地区優勝した翌日に営業マンがグローブを2個持ってきて、〝どちらでもいいから好きなほうを使ってください。使ってくれないとクビになっちゃいます！〟と。両方もらって、一つをリリーフ投手にあげました。実際、甲子園ではほとんどの投手がそのグローブを持っていましたよ。高校野球は全国放送。特に投手に使ってもらえれば、メーカーのロゴは100％、映ります。中学生や小学生が〝あのグローブ、欲しい〟となりますからね」

もちろん、ニュー製品だからといって、使いづらいというわけではない。

「グローブはすぐ使える状態でしたよ。K社はプロでも絶賛するほど良い皮を使っていました。しかも、〝なめし方〟がうまいんです。牛乳を入れたお湯に浸すと、1日で試合に使える」

と、名門高校の元エースが言えば、先のベテラン社員も「グローブを軟らかくする電子レンジみたいな機械があって、型を作るんです」と打ち明け、こう指摘する。

「今年の甲子園を見ていてもわかったと思いますが、ほとんどの高校のピッチャーが新しいグローブを使っていましたよね。Z社、M社、S社だとか。用具に関しては、甲子園から戦争だから。でも、いくら軟らかくしているといっても、あんなの普通ありえないでしょう。大事な試合だからこそ、使い慣れたグローブを使うものでしょ、本当は」

メーカー側から無料で提供していながら、メーカー間の過当な競争に疑問を呈しているのも本末転倒だと思うが、関東の強豪校では、かつてこういうこともあったという。

ある日、スパイクを持ってきたK社の担当者が「甲子園でどうしても履いてくれ」と懇願。開会式ではチーム全員がニュースパイクで入場行進を行ったが、あまりの出来の悪さに、試合では使用しなかった。それでも、「一番足もとが映る入場行進で履いてもらっただけで大成功」なのだそうだ。

また、このメーカーでは、各都道府県の甲子園出場有力校を事前にチェック。数校に絞り込み、地方大会が始まる前から選手にアタックをかけていた。ベテラン社員がさらに続ける。

「ある無名校で超高校級のピッチャーがいるとします。でも、そういう選手には接触しません。野球は1人じゃ勝てませんからね。それよりも、甲子園に出る確率の高い強豪校の練習に顔を出して、監督、選手に顔を売るほうがいいんです。だから、地区優勝してから動き出すのではもう遅すぎます。地方大会前から日参しないとね。大阪だったらPL、東京なら帝京、神奈川なら横浜、高知なら明徳義塾とか。そういった高校のピッチャーを押さえておけば、まず間違いない」

試合になったらグローブが変わっていた

練習に顔を出し、最初にチェックするのは、その高校の監督の、選手に対する影響力。用具の使用にまで実権を握っているならば、監督に接待攻勢をかけ、選手に任せているならば、選手個人に直接アタックする。かつて、メーカーの販促担当として全国を飛び回っていた関係者に、その実態を語ってもらった。

「選手の場合だと用具の提供にお小遣い、飲み食い。家族にもメシを食わせてあげたり、ゴルフをするならクラブ、ウエアをあげたりしてたね。監督には、洋服をあげて、飲んで、食わせて、女を抱かせて、お小遣いをあげてって、もう大変だったんだから」

それだけやっても、いざ本番の試合になったら、他のメーカーの用具を使っていたというケースはザラ。中国地区のある甲子園常連校などは、グローブを3回までA社、4回からはB社と使い分けたこともあったほどだ。

「だから、本当に試合が始まるまで気が抜けないんですよ。あるとき、私が担当する選手が試合で違うメーカーのグローブを使っていたことがあったんです。で、試合後、その選手を呼んで問い詰めたら〝いや、監督がどうしてもと言うんで。いや、OBが〟と言い訳をする。こんなガキに裏切られたのかと思うと悔しかったですよ。まあ、こっちだって前日の夜に、仲の良い監督にねじ込んで引っくり返したこともあるし、ケースバイケースでしたけどね」

中には、監督との板ばさみに悩み、苦渋の選択でグローブについているメーカーのロゴを剥がして使った選手もいたという。さすがに、そのときは高校生をそこまで追い詰めたと思い、反省したというが、結局、ドロドロした人間関係に疲れ、退職してしまった。

　しかし、高校野球を販促の最大のチャンスと考えているメーカー側にとっては、1人の退職者など単なる捨て駒。気にする暇もなく、次のターゲットを日夜探し続けている。そしてそれは、出場校だけに留まらず、高野連にまで及んでいた。

「清原が活躍した20年前の話です。当時はM社が全盛だったんですが、Z社から飛距離が10mは違うというバットが出て、これに取って代わられたんです。が、高野連から〝ホームランが出すぎる。反発係数の規定を変えよう〟というお達しが出て、新規定ではM社のバットだけがセーフで他社メーカーは全部アウト。当然、全国の高校がM社製に買い換えますから、〝高野連に金、渡したんじゃないか〟という疑念が生じても仕方ないですよね」

　夏の甲子園に2度出場、優勝経験もある評論家の証言である。

プロになり、選手の〝たかり〟が始まった

　巨人戦が毎試合、地上波で中継されていた頃、甲子園のスター→巨人入団ともなれば、メーカー側は何としてもその選手とアドバイザリー契約を結ぼうと躍起になっていた。星野ジャパンの不甲斐なさに嘆いた販促担当者が、また嘆息する。

「先輩から聞きましたけど、あの桑田真澄さんがメーカーの担当者に対して〝ソープ

に行きたい〟とか〝契約するから、裏金を5百万円くれ〟とか〝ベンツをくれ〟とたかってたんでしょう。それに、当時の巨人のレギュラーの中には、大手メーカーから1千万円も、もらってた選手がいたそうですね。もっとも今はスポーツメーカーとプロ野球選手の関係はオープンになっていますけどね」

巨人の若きエースだった桑田真澄がスポーツメーカーの担当社員から、その、あきれた〝たかり体質〟を暴露されたのは、今から20年近くも前のこと。

「選手によって待遇には差がありましたが、その当時、大手M社は、最大でプロ野球選手のアドバイザーを１００人は抱えていましたね。今ではプロ野球のテレビ等への露出も減り、宣伝効果も薄れ、半分ぐらいになっていると思います。それに、今は海外メーカーのN社やA社が入ってきていて、特にN社は最初、一軍選手のほとんどにタダで用具を提供していたんです。それを見たM社の担当者が、〝やり方、汚ねえ〟なんて怒ってましたが、五十歩百歩ですよね（笑）」

と、前出のパ・リーグOBが言うように、弱小メーカーにとっては、その大資本メーカーの牙城を崩すのは至難のワザ。桑田の所業は、それを逆手にとってつけ込んだものだった。

「でも、そんな選手はひと握り。選手の中でも裏金を受け取らない選手もいるし、メーカー側にしても、要求されても出さない選手もいたしね。今と違い、パ・リーグは人気がなかったから、〝グローブだけでもいいからタダで使わせてくれ〟って頼ってくる選手もいたよ」

接待ゴルフは〝アゴ、アシ、マクラ〟

この元販促担当者の言葉を、OBも裏付ける。

「巨人の選手に聞いたら、オフになると〝接待ゴルフ？　月12回かな。アゴ、アシ、マクラ付きで小遣いもくれる〟と言ってましたっけ。パ・リーグとは雲泥の差でした。僕の場合、W社の社長とは懇意にしてもらっていて、毎年、ゴルフに行ってましたが、用具に関しては提供をお願いしていました」

以前、阪神からロッテに移籍した選手も、その待遇差に驚いていた1人だ。阪神では二軍の選手でも、「バットが折れた」とメーカーの担当者に言えば、「よっしゃ、わかった。持ってきてやるわ」だったのが、ロッテでは少々のひび割れぐらいだったら、釘を打って、テーピングして練習する。スパイクの紐も、ロッカーにドーンと置いてあった阪神に対して、ロッテは自分で洗濯して干して使っていたんだとか。

ある評論家はこう言った。

「西武の辻内野手が使っていたK社のグローブが評判になり、一時期、各チームの内野手がラベルを張り替えて使っていたことがありました。苦肉の策で、自分の契約しているM社とかS社のラベルを上に張るんです。ただ、メーカー側も結構いい加減。バットにしても、職人さんが作っていないのに、職人の刻印だけが入っているケースがあるんです。一流職人が作ってくれるのはイチローや松井らスター選手だけ。黒バットの存在理由って知っていますか？　あの中には、決して悪い木じゃないけど、節の部分とか色が変わっているのを隠したものもあるんです。コミッショナーサイドも、安くさばきたいメーカーを助けるため、認めたんですよ」

契約も、何のしがらみもなく、本当に自分が気に入った野球用具だけを使い、「I AM THE BASEBALL PLAYER」――野球をするのは俺だ！　と宣言できる選手は一体どれぐらいいるのだろうか。

「家1軒プラス支度金1千万円」で誘われる監督

ビッグビジネス・高校野球の裏側

西武球団の栄養費問題から露呈した特待生問題は、プロ野球とアマチュア球界の問題点を浮き彫りにした。これまで「プロ野球はビジネス、アマチュア野球は教育」と思われてきたが、アマチュア野球もビジネスである。特に高校野球は、有力校の監督にとって「美味しい商売」だと言われている。

文／美山和也

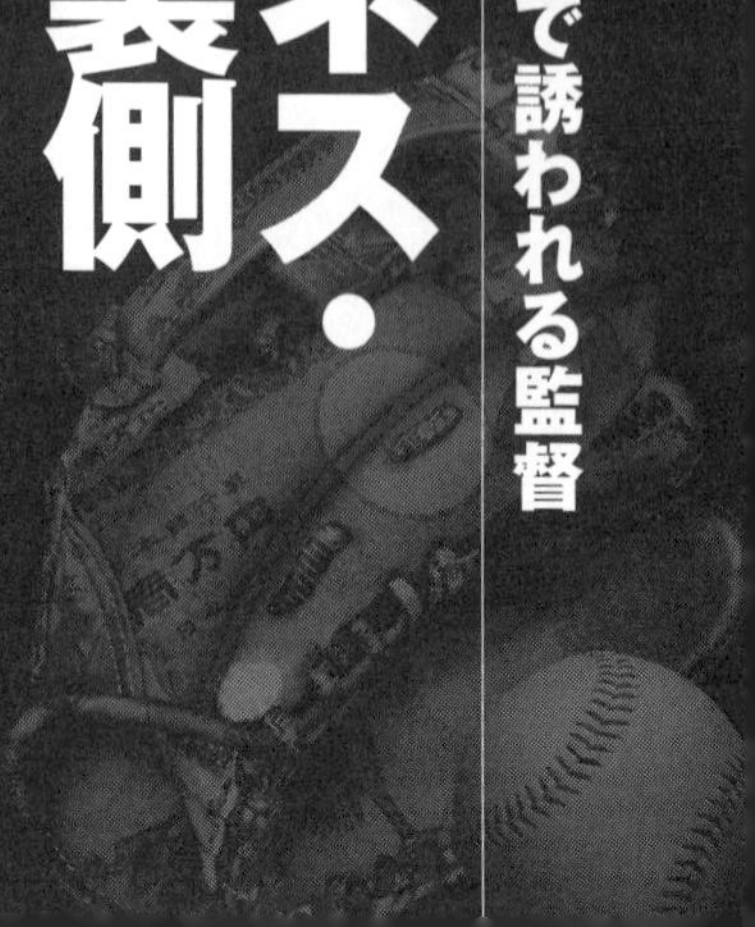

寄付だけで5千万円！ 出場後、使途不明金も

07年、西武球団のアマチュア選手への現金供与に端を発した特待生問題。専大北上高校を卒業後、早稲田大学へ進学した清水勝仁選手に対し、「早大の学費の面倒をみるかわりに卒業後は西武へ入団する」という合意の元、西武は清水へ月々20万、合計約1千万円の栄養費を渡していた。明治大学・一場への栄養費問題発覚後、プロ側は倫理行動宣言を採択、アマチュアへの金銭供与を排除する方針を示したが、この宣言はまったく意味をなさなかったわけだ。

これを受けた裏金問題調査委員会は、過去27年で170人のアマチュア関係者への金銭供与があったことを発表。まさに「ズブズブの関係」が露呈したわけだが、これはプロ野球側だけの問題ではない。アマチュア側にも多くの問題点がある。

高校野球は、ビジネスである。学校経営も教育であると同時にビジネスである。勝たなければならないのだ。高校を強くするのは、1にも2にも監督の指導力。有名監督が他県の新設校に引き抜かれる話は日常茶飯事で、なかには「家1軒プラス支度金1千万円」なる好条件を提示された監督もいた。

監督に多額の支度金を支払っても、甲子園に出場すればすぐに元手は回収できる。たとえば、創立50周年の学校を例に考えてみても、ＯＢは1学年3百人として1万

5千人。OB1人ずつから「1口5千円」の寄付金を募れば、少なく見積もっても5千万円ぐらいが集まる計算だ。2回戦、3回戦と勝ち進めば、寄付活動はさらに続けられる。

「系列大学の高校だと、大学OBにも『1口3千円』のお願いが来ます。公立校においては地元市民による熱心な寄付活動が行われます。決勝戦まで勝ち進んだ場合、ベンチ入りメンバー以外の部員（3年生）を含め、約40人を宿泊させなければなりません。宿泊費を1人1万円として、40人分で約20日間の滞在となるわけですから、8百万円の出費。高野連指定の宿泊施設にとっても、オイシイ商売なわけです」（元・私立高校監督）

さらに、こんなキナ臭い証言もしてくれた。

「甲子園出場の際、1億3千万円の寄付金を集めたある私立高校は、宿泊滞在費などで8千万円を支払ったものの、5千万円近くが残りました。その5千万円は何処に行ったのか……。学校長、監督、OB会長などで使い道は話し合われますが、監督個人が私腹を肥やそうと思えば、いくらでも抜け道はあるわけです」

中学生を転校させ、親からは部費徴収

高野連にとっても、高校野球がビッグビジネスであることは間違いない。大会期間中の甲子園観戦料は、内野のみ1人1千円。1日2万人として15日間で3億円の計算だ。そこにNHKから放映料が入るわけで、〝出演者〟である高校生にはギャラは発生しない。近年では出場校名を記載したグッズも販売され、好評を博しているが、その版権料が各校に還付されたという話はまったく聞かない。

勝ち上がれば大金になる。勝つためには指導者と有望な人材を確保しなければならない。特待生問題が「1学年5人まで」とする決着を見たのは、07年11月30日（諮問委員会／09年度より施行）。人数制限を設けることは私立高校の経営権を侵害しかねず、また、一部からは「5人枠分の総額を半分にし、10人まで獲得できないか」「せめて、あと1人か2人……」といった意見も続出し、3年後の平成12年度に再検討されることになった。一方で、金銭的援助はしないが、「中学の在校期間に系列校に転校させる」、「小学生のうちに抱え込む」といった越境入学を勧めるスカウト活動は過熱するばかり。ドラフト対象となる高校球児のもう一歩前、『有望中学生』の進路選択に高校監督がいまだ強い影響力を持っているという。

「1学年5人まで」の規制で決着はついたが〝グレーゾーン〟はかなり多い。たとえ

ば、中学校の就学途中で系列中学に転校させるのだ。学費免除などの金銭的援助はない。その系列中学校には『硬式野球部』もあって、高校進学後に揃えさせている。

「ある有名な私立高校はスカウトに教頭の名刺を持たせ、両親に転校を勧めています。教頭の名刺はやりすぎでは……」

大阪圏のクラブチーム代表がそう証言する。千葉県下のリトルリーグ監督も「主軸選手を引き抜かれた」と言う。学業で私立中学を受験するのと同じように、『甲子園名門高校』の系列中学の受験を勧められたそうだ。

中学途中での転校を決めた生徒のなかにも、挫折して郷里に戻る子供もいる。監督は怪我などで夢を諦めた子供たちにどう接してきたのか。「切り捨てる」だけである。

「高野連の定例会で出る議題って知っていますか？　タバコ、酒、万引き、暴力の4つ。本当にヤバイことや難しい話は意図的に避けているんです」（関係者）

子供を預けるに当たって、父母たちが出す〝見返り〟もさまざま。

「部員が100人いたら、1人1万円で即100万円集まります。極端な話、遠征費や用具補助など、名目はなんでもいいんです」（前出・監督）

レギュラー出場、大学進学、プロ野球入団……。そのせいだろうか。高校野球の監督も『指導』という本来の姿を失いつつある。

「同じ実力なら、大学進学を約束して獲得した子を使います。大学に推すだけの実績を作っておかなければならないし、野球は組織のスポーツです。一般入学した選手のなかにも磨けば光るかもしれない原石も確かにいるが、在学3年間では時間がなさすぎる。勝たなければ意味がないわけですから」（前出・同）

敵に回すと優勝できない！　高野連の影響力

08年夏、野球部員の強制わいせつ事件が発覚した桐生第一高校（群馬県）は出場を認められた。過去、出場停止を科せられた学校は部内の暴力事件、つまり『行き過ぎた指導』が大半であり、『刑事事件』でも出場が許されたことに、高野連裁定にも非難の声が続出した。しかし、それだけではない。

「埼玉県大会での話ですが、甲子園出場も果たしたある有名校の部員による『婦女暴行』が発覚しました。同校が3回戦で消えるまで試合を続けられたのは、県高野連に同校の親族がいたからと囁かれています」（前出・同）

また07年、佐賀北高校（佐賀県）が優勝したが、決勝戦で対戦した広陵高校側から「公立ストライク」が指摘された。

「ギリギリのコースをボールと判定されたとき、マウンドにいる投手には想像以上の落胆が走ります。1点を争う試合でのホームベース上でのクロスプレーでも、アウトなら守備側に、セーフなら攻撃側に大きく流れが傾きます。一見何でもないストライクとボール、アウトとセーフの判定でも、勝敗を大きく分けてしまうんです」（前出・元監督）

広陵投手の際どいコースを突く投球とその判定に首を傾げる視聴者も多かったが、審判団には高野連の田名部和裕参事と同じ関西大学出身者が多い。一部学校からは「決勝戦を裁いたのも関大ＯＢ。そう考えれば合点がいく」との声も聞かれた。公立校を優勝させることで、私立・特待生問題をなし崩しにするというわけだ。「審判は常に中立である」との反論もあったが、「高野連を敵にまわすような言動をすれば、絶対に優勝できない」という意識も全国の高校監督のなかには浸透しているようだ。

携帯メールで戦術伝達〝伝書バト〟に頼る監督

有望な生徒を集めるだけでは勝てない。監督に確固たる戦術・戦略も必要とされるが、必ずしもそうとは限らない。同様に「勝たなければならない」という強迫観念が采配を惑わすようだ。

「生徒が大事なのか、自分の名誉が大事なのかは、采配を見ていれば分かりますよ」

前出の元監督がそう言う。たとえば、故障した投手の起用法である。将来を考えて、ベンチに待機させるか、それとも登板を強要するか……。7割の監督が後者を選択するという。高野連は投手登板する可能性のある選手にはレントゲン検査を行い、事故防止にも努めているが、登板の最終判断を下すのは監督だ。こうした故障選手の起用は特殊ケースとしても、通常の試合中でも『焦り』は見られる。

「試合中、ベンチに入れないコーチ、外部スタッフから『携帯メール』で戦術を送らせるんです」（前出・同）

〝伝書バト〟と呼ばれるこの手の伝令は、禁止されている。しかし、携帯電話をベンチに持ち込めば、メールでの情報収集はできなくはない。メールで送られる内容はバント、エンドランなどの戦術ではなく、対戦投手の傾向や相手ベンチの様相――。

「たとえば、自軍の投手のスライダーが狙い打ちされているから配球を変えろとか、向こうは変化球がストライクにならないから真っ直ぐだけ狙えとか。信じられない話ですが、携帯電話が普及する前はスタンドとベンチを行き来する本物の伝書鳩もいたんです」（同）

勝てなければ、監督としての地位が危うくなるからだ。私立高校には「監督が理事長の娘と結婚する」こともある。野球熱の高い学校になれば、負けが込むに従ってOBや講演会から「監督を代えろ」の声が起こる。有能なコーチがいたとしても、自分の寝首をいつ掻かれるか分からない。理事長と血縁関係を結んでおけば、監督から降ろされても「総監督」「部長」として踏みとどまることができる。

暴力が禁止された今、捌け口はタバコ

そこまでして監督にこだわるのは、「儲かる」からだ。プロに指名される選手が出れば、契約金からおこぼれを頂戴できる。大学進学時の口利きで謝礼が発生するケースもあれば、部員の両親や出入りするスポーツ用品店からの中元、歳暮もある。真の情熱を持って指導している監督は「全体の3割ほどしかいない」という。

近年、生徒と同じ目線に立ち、「ともに歩む」姿勢で臨む若い監督も増えてきた。彼らの多くは上下関係の厳しい現役時代を経験し、指導者となった今、「本当はどんな環境で高校野球がやりたかったか」を考え、頭ごなしに怒鳴りつけるのを改めた。また、ヘビースモーカーの監督も多い。〝絶対君主〟ではなく、『部活動の指導者』でしかない監督がとくにそうで、「一昔前ならビンタで分からせたものですが、今はそんなことできません。ストレスの捌け口はタバコしかない」とこぼしていた。

全国制覇も成し遂げたある監督は「練習同様に甲子園でも大声を出したら、テレビ視聴者に誤解される」とし、甲子園大会の前には必ず鏡の前で「笑う練習をする」

と話していた。その代わり、テレビカメラには映らない足元でベンチなどを蹴飛ばし、「試合が終わったら足の親指から出血していた」そうだ。真摯に教育として野球に取り組んでいる監督のストレスも相当なものである。

ただ、将来、プロ野球を狙えるようなアマチュア選手の進路問題に絶大な影響力を持っているのは、高校監督である。プロ野球各スカウトマンが高校監督とのパイプ作りに熱心だったのは、そのためである。新日本石油の田沢投手のメジャー契約を機に、日米はドラフトの紳士協定に関する話し合いを始めるが、将来的には世界規模でのドラフト会議の開催に進展するかもしれない。その際、アメリカ側はこう言うだろう。「日本の高校生もオープンにしてほしい」と。高校生を対象とした野球の世界大会も行われているが、日本が参加していない理由は1つ。甲子園大会と開催時期が重複しているからだ。

「ポニーリーグが高校生を対象とする世界大会への出場を検討しましたが、高野連との折り合いがつきませんでした。どの野球組織も高野連に配慮しているのは間違いありません」（アマチュア野球関係者）

世界から見て、日本の高校野球、それを指導する監督が特異な存在として映っていることは間違いない。

甲子園優勝投手・愛甲猛が語る「人生が変わった高校時代」

喫煙、ソープ、暴走族……「今話す、高校時代の真実」

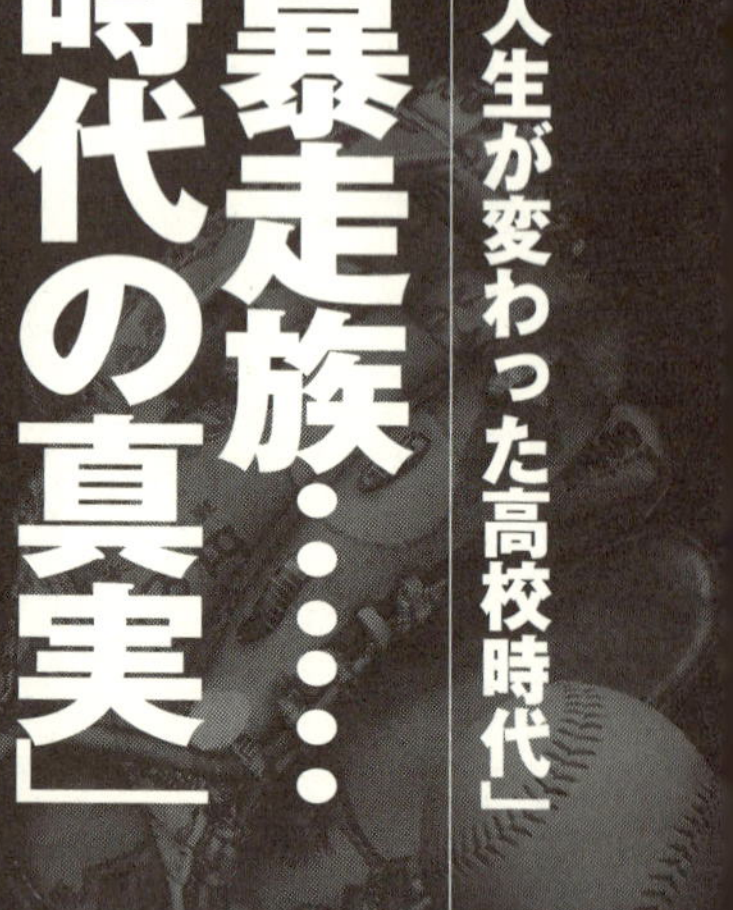

「汗と涙」で祭り上げられる高校球児だが、
彼らとて人間、決して聖人君子ではない。
08年夏、部員の強制わいせつ事件が明るみになりながら
甲子園に出場した学校があったが、いつの時代でも「ワルはワル」だ。
ただ、悪さの質が変わってきているのも確かなこと。
高校時代、暴走族ともつき合いがあった
優勝投手・愛甲猛が「試練の3年間」を振り返る。

文／小川隆行

校長先生から頼まれたサイン

「3年の愛甲君、3年の愛甲君、至急職員室までお願いします」

授業中、こんな校内放送が流れました。あのころは、既に暴走族も辞めてたし、「おかしいな……なんだろう。俺、なんか悪さしたっけ?」と思いながら職員室に行ったら、副校長が「いやあ愛甲君、授業中悪いね、サイン頼むよ……」と(笑)。同級生も休み時間になると教室までやってくるし、家に帰ると女のコが大勢待っていました。「甲子園で優勝するとこうなるのか!」と思わされましたね。

オールドファンなら今でも記憶に残っているだろう。昭和55年、〝(荒木)ダイスケフィーバー〟に沸いた「横浜対早実」の決勝戦を見事に制した横浜高校の愛甲猛は、一夜にしてスターダムにのし上がった。同年ドラフト1位でロッテに指名され、95年までパ・リーグのスター選手として活躍。中日に移籍した96年には闘将・星野仙一監督の下、「代打の切り札」としてセ・リーグ優勝に貢献した。

引退後、一時は俳優としてVシネマに出演。その後、失踪騒動やドーピング告白など〝お騒がせ〟もあったが、現在は実業家の傍ら子どもに野球を教えるなど、グラウンドに立っている。

しかし、愛甲猛という名を聞いて思い出すのは、やはり甲子園のグラウンドである。

紙に書かれた1000の数字、頭にふりかかった生温かい液体

中学のときから、横浜高校で甲子園を目指そうと思っていました。今でいう特待生で、授業料は免除されました。母子家庭でしたので母親に負担をかけずに済むのは嬉しかったんですが、その代わり、絶対に野球を辞められない。緊張感のある毎日でしたね。

1年の夏に甲子園のマウンドに立ったんです。3回戦で負けました（対県岐阜商、0対3）が、学校に帰ると、地元の女のコたちがキャーキャー騒いでいました。おもしろくないのが先輩たちで、合宿所の窓から「おい、やれ！」と下半身を露出させられたり、「コーラが飲みてぇ。そこらのじゃなく、駅前の自販機のコーラが」と言われ、「1000」と手書きで書かれた紙を渡され「釣りはいらねえ」と（笑）。風呂で先輩が「ほら、シャンプーだ」と頭にかけてくれるんですが、なぜか生温かくアンモニア臭がする……。合宿所では夜中に叩き起こされ「ラーメン作れ！」と言われ、頭に来てトイレの水で作ってやったこともありましたね。何かにつけ「1年だけで反省しろ！」と先輩に命令され、「ふざけんなよ、あの野郎！」などと部屋で文句言ってるところに先輩がやってきて、「反省したか？」「しました！」「よし、どれぐらい反省できたか聞いてみよう」と、ベッドの下からカセットデッキが……（笑）。

愛甲はこの頃の話になると笑顔を浮かべる。あの時代、体育会系はどこもこうした感じであった。〝古き良き時代の思い出〟である。

息子を諭した母親、迎えに来た監督

130人以上入部した1年生のうち、最後まで残ったのは20人。3年間野球部に在籍したら進学や就職が100パーセント決まります。厳しい練習から逃れるため、自分の足に鉄アレイを落としたり、高さ3メートルの土手から飛び降りるなど、わざとケガするヤツもいたり。

どの年代でも先輩の標的になるヤツがいるもんですが、僕らの代でひどかったのは川戸（浩）でした。先輩からのいじめに、ホント、よく耐えていましたよ。古い方なら覚えていると思いますが、決勝戦で僕からバトンタッチして、最後まで投げきったんです。「川戸、3年間の苦労が見事に実りました！」と植草貞夫さんから名実況されましたが、あいつの苦労はグラウンド外でした。とはいえ、僕を上回るタフネスさで、1日に2試合完投してみせます。川戸がいなければ優勝なんてあり得なかった。決勝のマウンドは3年間のご褒美ですよね。

1年の秋、あまりに理不尽ないじめが続き、僕は野球部の寮を抜け出して家に帰ったんです。夜になると暴走族の集会に参加して、「野球なんか辞めてやる!」と。でも、族のリーダーが僕を可愛がってくれた方で、「タケシ、ここはお前のくるとこじゃない! オマエは甲子園目指すんじゃねぇのか?」と。そのまま帰宅すると、家に渡辺(元智)監督がおり、「戻ってこい」と。母親から「タケシ、あんた、野球辞めてどうするの?」と聞かれ、黙っていると、「答えられないわね。なら野球部に戻りなさい!」。

それから渡辺監督の家に軟禁されました(笑)。奥さんとともに、ホント、面倒をみてもらいました。

2年の夏はジャンボ宮城の横浜商業に負けて、秋に新チームの主将に抜擢されました。そこで思ったのは、「絶対に後輩をいじめない」ということ。やられたからやり返すのはイヤだったんです。

横浜高校は部長の小倉(清一郎)さんと渡辺監督の二人三脚で、野球の練習は小倉さん、戦術面は渡辺さんと、実に見事なタッグですね。今年(08年)の夏も、一死一・三塁でレフトへ上がった大きな飛球をバックホームしているうちに一塁ランナーが二塁へ到達しましたが、ああいったプレーは〝横浜流〟です。精神面を渡辺さんがカバーする。渡辺さん、今は部員とメールでやりとりしているそうですが、時代は変わりましたよね。

高校球児の実態女性経験は済んでいる！

3年夏。愛甲をエースとした横浜高校は戦国神奈川を勝ち抜き、甲子園に駒を進める。猛練習の成果もあったが、〝愛甲カラー〟がチームに浸透したのも事実だった。

部員はみんな、楽しくやってました。宿舎に戻るとトイレに駆け込み自慰大会が始まります。僕らはエロ本片手ですが、なぜか『ドカベン』をもってるヤツがいたり（笑）。それでなくても思春期の高校生ですからねぇ（笑）。

決勝戦の6回、もう腕が上がらなくなっちゃって。普通なら「腕がちぎれても投げる！」というところですが、僕は主将だったし、チームが勝つには川戸のリリーフのほうが絶対にいい。監督に「代えてください」と直訴しました。

野球を3年間続けるには根性が必要なんですが、ある程度のワルじゃなきゃ、甲子園で通用する神経はもてません。試合といえど戦いですから、最後は精神力で上回ったヤツの勝ちです。

だからかな、プロに行くような選手は、みんな女性経験、済ませてますよ。女に誘惑されるぐらいじゃないとダメ。僕は中学3年のときに年上の先輩に誘われたし、清原も、ルーキーの年、星野さんとの対談で「童貞じゃありません」と答えてましたっけ。

ただ、わからないのは、08年の桐生第一です。部員が女性にわいせつ行為をしたというのに出場を認められるんですから。少なくとも、僕らの時代だったら絶対に〝和姦〞ですし。なんで社会的にも絶対に許されない行為で、人を著しく傷つけるわいせつ事件で出場OKなのか、理解に苦しみますね。

あ、甲子園のトイレで後輩に見張らせて一服してた僕が、こんなこと言えませんね(笑)。

決勝の翌日に行ったソープランド

喫煙効果？で甲子園を制した愛甲が横浜に帰ると、地元は熱狂の渦。一夜にしてスターになっていた。

新幹線が新横浜駅に着くと、駅の周辺は人、人、人。家の「おめでとう電話」は鳴りやまないし、まあ親戚が増える増える(笑)。

朝、自宅を出ると女のコが数十人待っているんです。駅までの道のり、僕の周りにギャルがズラリ。でもおかしなもので、そうなるとエッチしようなどという気になれないんです。さすがなのがウチのオカンで、「可愛いコだけ電話番号聞いといたぞ」なんて、名前とメモをくれましたっけ(笑)。

優勝パレードの後、なんか「人疲れ」しちゃって、知人と遊びに出かけました。今だから言えますが、行った先はスナック。乾杯した後、ほろ酔い気分になり、スナックに来てた知り合いの社長のおごりで、堀之内のソープに行きました。「あ、あなた、愛甲君でしょ?」なんてお姉さんに言われましたが、すごくサービスが良かったですね（笑）。おかげで激戦の緊張感から放たれましたよ。

学校でも地元でもスターとなった愛甲だが、決して天狗になってはいなかった。むしろ、人知れずやさしさを見せた局面さえあった。失踪騒動の際、ある雑誌のインタビューを受けたチームメイトの、こんな証言が残っている。

「僕は愛甲のようにスターではなかったです。羨ましいな、と思ったのも事実ですが、彼は彼、僕は僕です。ただ、就職するのに運転免許が必要なんだけど、ウチも貧乏で、（教習所に）通う金がなかった。そんなとき、愛甲は何も言わずポンと20万円貸してくれました。それから疎遠になっていましたが、失踪騒動のとき、ようやく返せました。愛甲のことは今でも忘れられません。あいつは今でも横浜のスターです」

契約金から渡した「感謝の気持ち」

ドラフト1位でロッテに指名された愛甲。契約金は4800万円だった。

球団に現金で欲しいとお願いしました。というのも、ウチは貧乏で、これでようやくお袋を楽にさせてやれると。そう思って、お袋に見せてやりたかったんです。

プロに入る前にこんな大金もってても仕方ないので、幾ばくかを渡辺監督に渡し、「後輩のために使ってください」と。残りはほとんどお袋に渡しました。

金の卵をもつアマチュア指導者の場合、契約金以外の裏金を要求する輩も決して少なくないが、名だたる指導者のほとんどは、選手が「3年間のお礼に」と、「自分から寄付したくなる」人格を持ち合わせている。有力高校を取材するとわかるが、たとえばプレハブの指導室の入り口に「寄贈　●●期　×××」と書かれていたりする反面、甲子園に出るたびに家が大きくなったり、新車が増える指導者も存在する。

このあたり、似て非なるものではないだろうか。

渡辺さんと小倉さんは、僕らのために、3年間、自分の時間を削ってくれました。監督の奥さんだって、散々食事を世話してくれたり、いろいろな相談にのってくれました。

莫大な契約金をいただいたんですから、お礼をするのは当たり前でしたね。

一夜にして人生が変わる甲子園優勝投手。その存在は今年で90人を数えるが、若くして頂点になってしまった反動で、その後の人生に暗い影を落とすケースも少なくない。プロでも頂点を知るケースは希である。愛甲もまた、失踪騒動などで「あの人は今」的なイメージもついてしまったが、彼は今もグラウンドに立ち、甲子園球児を育てようとしている。

イチロー物語　知られざる〝原風景〟

野球少年・一朗と「コンプレックス」

張本勲のもつ日本野球の通算安打記録更新を
09年4月16日に更新したスーパースター・イチロー。
彼の原風景＝少年時代を探っていくと、
とてつもない野球少年だったことが見えてくる。
高校時代に出会ったスーパースター、松井秀喜との出会いこそ、
彼の中にある「コンプレックス」の原風景だった気がしてならない。

文／松下茂典

背中を向けたまま記者の質問に……

メジャー史上例のない、ルーキーイヤーからの8年連続200本安打という、イチローの大記録達成を目前にし、この原稿を書いている。新聞の彼に関する扱いが大きくなるにつれ、思い出すのは、昨年（07年）の200本安打達成直後の記者会見である。

その日、2007年9月3日、わたしは偶然にもヤンキースタジアムにいた。松井秀喜を取材するための渡米だったが、はからずもイチローの200本安打達成の瞬間に立ち会うという幸運に恵まれた。そのため、試合終了と同時に、三塁側ベンチ裏にあるビジターのロッカールームに急いだ。

運良く最前列の好位置をキープし、喜んだのも束の間、「ペン」（新聞などの活字媒体）の囲み会見が始まると、全身から冷や汗が流れた。担当の日本人記者の質問に、イチローが背中を向けたまま答えたからだった。

――200本安打、おめでとうございます。7年連続で記録を達成したお気持ちは、いかがですか？

「去年は170から190の間で苦しんだので、ちょっと超えたいなと思っていた。そこを強く意識してプレーしたので、そのあとはスムーズにいくなと。それを超えたことのほうがうれしいかな、今回は」

イチローのビジター用ロッカーは、クラブハウスを入り、いちばん右奥にあった。スーパースターはたくさんの記者に囲まれるため、スペースのある隅に陣取ることが多く、イチローも例外ではなかった。

会見には30人を超す日本人記者が押し寄せたが、イチローは、一度も背後を振り返らなかった。椅子に座り、背中を向けたままグラブを磨き、記者の質問に答えたのだった。

野球界だけでなく、いろんな業界の記者会見に出たが、記者に背中を向けて質問に答える人間を初めて見た。

背中を向けていても、声を発する記者が誰かわかるらしく、質問内容が納得いかないと、すぐさま切り返した。

「とても長い間いる記者の質問だとは思えないね……」

たっぷりと打ち込む試合前のイチロー

当日、わたしはヤンキースタジアムに着くと、ビジターのロッカールームに直行した。試合前にイチローがどんな準備をするか、じっくり観察したかったからである。

デーゲームの開始時間である午後1時5分まで、まだ3時間以上あり、ロッカーは人影がまばらだったが、すでにイチローは来ていた。それどころか、ストレッチをすませたのか、一汗かいた様子であった。

この日まで、イチローのシーズン安打数は198。目標の200本安打まで、あと2本に迫っており、ぴりぴりした雰囲気が漂っていた。

イチローは黒塗りのバットを手にすると、ロッカールームを出て、右折した。チームの全体練習はまだ先であった。

（こんな時間にどこへ行くのか？）

わたしは通路を歩くイチローの後を追った。担当記者はまだ誰も来ていなかった。イチローは足早に歩いた。テレビの会見ルーム、プリントメディアのワーキングルームを横目で見て、ベーブ・ルース、ジョー・ディマジオ、ミッキー・マントルら、ヤンキース歴代のスーパースターのパネルが両側に並ぶ通路を進んだ。

ヤンキースのホーム用ロッカールームを過ぎると、わたしは係員に止められた。そこから先は、メディア立ち入り禁止の領域であった。イチローが50メートルほど先を左折するのを確認し、合点がいった。その場所は、室内の打撃練習場。チームの全体練習が始まる前に、イチローはたっぷり打ち込むつもりだったのである。

背番号51が見せる専売特許・背面キャッチ

ビジター用ロッカールームに踵を返すと、城島健司が絨毯の上にゴロンと横になり、腹筋をしていた。

マリナーズの打撃練習が始まったのは、午前11時25分。先刻、入念に打ち込んだはずだったが、イチローは一番手として打撃ケージに入った。打撃投手相手に、1回目は6本。軽く振り、広角に打ち分けた。バットを置くと、ベースを一周。イチローらしく、走る姿に躍動感があった。2回目は7本。うち2本がライトフェンスを越えた。3回目は6本のうち3本が柵越え。

「ヒットを捨てれば、ホームランを打つことは、さほど難しいことではない」

イチローが紡いだ言葉だった。

ヤンキースタジアムはイチローがいちばん好きな球場といってよかった。彼が背番号「51」を背負うのは、憧れの選手だったヤンキースの中堅手、バーニー・ウィリアムズが「51」だったからである。

試合前の守備練習では、イチローの専売特許である背面キャッチを披露し、スタンドの観客を沸かせた。気持ちが充実し、気分が高揚しているときに見せるイチローのパフォーマンスであった。

一連の準備が奏功したのだろう。1回表の第1打席で、イチローはライト前へクリーンヒット。シーズン199安打を達成し、200本安打にリーチをかけた。

目標の200本安打を達成したのは、3回表の第2打席。歴代8位の354勝を誇るロジャー・クレメンスが投じた真ん中やや外寄りのストレート（143キロ）を振り抜くと、打球はライトスタンドに吸い込まれた。打撃練習そのままのスイング、放物線だった。

イチロー・城島、そして松井の会見模様

相変わらず、イチローは背中を向けたまま話しつづけていた。振り向く気配は全くなかった。

――200本安打はクレメンスからでしたね？

「（全盛時とは）投げているボールが全然違うけど、ビッグネームだから。いい記念になりますよ」

――本塁打で達成しましたが？

「しばらく出ていないホームランがここで出るというのは何かある。ちょっとぼく自

身がいい感じだな、と思ってしまいました」

――自分を代表する数字は「200」ですか、それとも「262」(04年に達成したシーズン最多安打数)ですか?

「車のナンバーは『262』です。『200』ではないですね。そもそも、『262』は、ぼくしかやっていない。ぼくだけのものなんで」

取材時間は20分ぐらいだったが、その間、イチローは一度も振り返らなかった。

城島のロッカーに向かうと、彼も、椅子に座り、ミットを磨いていたが、記者と正対し、相手の目を見ながら、イチローの200本安打の質問に答えていた。

「今年は去年のような苦しそうな感じが見えなかった。イチローさんの6年目から、ぼくがマリナーズに来たが、一緒にプレーしている間は途切れてほしくない記録ですね」

城島の囲み会見が終わり、ヤンキースのクラブハウスに向かうと、ちょうど松井がロッカールームから出てくるところだった。両膝に薄桃色の氷嚢を当てていた。そのころ、松井は右と左の両方の膝に炎症を起こし、試合後のアイシングを欠かせなかった。

足の状態は最悪だったが、記者に囲まれると、松井は立ったまま答えた。

「(200本安打は)驚くことなんか何もありませんよ。ある意味、イチローさんにとっては普通のことでしょう。それがイチローさんのすごさでもあるんです」

質問が尽きるまで、彼は丁寧に答えた。それが彼のスタイルだった。彼がメディアから逃げないのは、カメラとペンの向こうにファンがいることを自覚しているからだった。

三者三様の会見を見て、タイプのちがいを感じないわけにはいかなかった。

記者たちに背中を向けるイチローとは、いったい何者なのか。そして、どこからやって来たのか。生まれ故郷の愛知県西春日井郡を訪ね、彼の〝原風景〟を取材したのは、彼が初めて日本で２００本安打を達成した94年のことだった。

父子3人とも俊足、鈴木家の血筋

イチローこと鈴木一朗が生まれたのは、73年10月22日。石油ショックで、主婦がトイレットペーパーを買いにスーパーへ殺到したという記事が新聞に出る10日前のことだった。

「第一に朗らかであってほしい」

そんな願いを込め、父親の鈴木宣之が「一朗」と命名した。

「私の父は銀一といいます。そのせいか、わたしは『一』という字が好きで、一朗より5歳上の長男も、一泰と名付けました。二男に一朗という名前はめずらしいかもしれませんが、『二』の次に10画の字がつづくと、運勢がいいらしく、『一朗』という名前に決めたんです」（宣之）

イチローの性格が「第一に朗らか」かどうかは別にして、運勢がとびっきり良かったのは間違いない。

鈴木家は血筋なのか、みんな足が速かった。宣之自身、「高校時代に野球をしていたが、盗塁で失敗した記憶がない」という。宣之の兄も足が速く、100メートルを10秒台で走ったという。

長男の一泰も、100メートルを11秒ジャストで走り、一朗の11秒2より速かった。このコンマ2秒の差が、ふたりの運命を分けたといっていいかもしれない。

一泰は陸上選手になったが、一朗は野球選手になった。もし、一朗が兄より足が速かったなら、同じ陸上の道を歩んでいたかもしれない。

「一朗を野球選手にしよう」

宣之は決意し、一朗が3歳のとき、プラスチックのバットを買い与えた。

「将来は、プロ野球選手だぞ」

宣之が一朗の頭を撫でると、こっくり頷いた。以来、父子は脇目もふらず、まっしぐらに野球の道を歩み始める。

右投げの一朗が左打ちになったのは、宣之が中日ファンだったからである。

「中日には、歴代左のいいバッターが多かった。本田逸郎（盗塁王＝55年）、中登志雄（首位打者＝67年）、谷沢健一（首位打者2回）、田尾安志（新人王＝76年）。とりわけ、田尾は一朗の憧れのバッターでした」

一朗は豊山小学校2年生のとき、「夢」という題の文集をしたためている。

〈将来は中日の小松さんのようなプロ野球選手になりたい〉

当時、小松辰雄は150キロを超す快速球を投げ、〝スピードガンの申し子〟と呼ばれていた。打っては田尾、投げては小松が一朗の理想のプロ野球選手だったのである。

『巨人の星』を地でいく野球親子の真剣勝負

イチローは父親の宣之が手塩にかけて育てた〝芸術品〟であった。

「一朗が小学校3年から6年に至る4年間、午後3時半から深夜まで、毎日猛練習しました。1年365日。雨の日も、風の日も、練習は1日も休みませんでした」

場所は名古屋空港そばの西春日井郡豊山町営伊勢山グラウンド。60メートル四方の小さなグラウンドが父子特訓の舞台だった。

午後3時半、一朗が小学校から帰ってくると、伊勢山グラウンドに直行。まずは、キャッチボールを20球。肩が温まると、ピッチング練習。宣之が捕手を務め、球審よろしく、ストライクとボールをコール。少年野球の7イニング制を考慮し、一朗に80球から90球の投げ込みを指示した。

次はトスバッティング。宣之が上げ、一朗が打ち返す。一袋60球から70球のトスを3回くり返した。スイング数は180から210。

「トスは、左右高低へ投げ分けました。緩急をつけるようにし、150キロの速球にも、100キロの変化球にも対応できるように工夫しました。一朗が小学校5年生のとき、軟球から硬球に変えました。硬球ですから、へたして私の頭にでも当たろうものなら、命はありません。『お父さんが死んじゃう』と、一朗も必死でした。おかげで打撃の集中力を養うことができました」（宣之）

命がけのトスバッティングが終わると、次は守備練習。内野ノック、外野ノックのあと、仕上げは投手ノック。一朗をネットの前に立たせ、16メートルの至近距離からノックを浴びせた。宣之は決して手加減せず、全力で打った。

当時、宣之は「豊山スポーツ少年団」という野球チームの監督。東海高校（名古屋市）時代は強打の外野手として鳴らしたというから、素人ではない。打球は速く、鋭かったが、一朗は音を上げなかった。

後年、イチローの後援会を立ち上げた人物がいう。

「近所では、大の野球好きの父子として知られていました。劇画『巨人の星』の星一徹と飛雄馬みたいでね。ふたりの練習は、真剣勝負で、見ていて恐ろしくなったくらいです」

しかし、宣之によると、いわゆるスパルタ教育ではなかった。

「スパルタの逆です。私が一朗を引き回したんじゃありません。私が一朗についていったんです」

雨の日も、風の日も、一朗のほうから父親を誘ったのだという。

「伊勢山グラウンドは、一塁側と三塁側のベンチにグリーンのテントが張ってありました。ですから、雨の日も練習ができました。私と一朗が一塁側、三塁側のベンチに分かれ、キャッチボールをしたんです」

小学生で120キロ日本一の練習量

父子特訓は、まだ終わらない。自宅で夕食をすませると、今度は車で5分ぐらいの『空港バッティングセンター』に出かけた。8番のケージが、一朗専用のボックスだった。子供用のスローボールではない。時速120キロのスピードボールが出るボックスであった。

「そのうち一朗は１２０キロでも物足りなくなり、投球マシーンのバネを強くしてもらいました。すると、１３０キロぐらいになりました。しかも、立つ場所は左打席の一番前。ですから、時速１４０キロのスピードボールを打ち返していたことになります」

宣之に勧められ、わたしも１２０キロのボールにチャレンジしたが、25球のうち半分もまともにバットに当たらなかった。最後の25球目に右方向へ鋭いライナーを飛ばすと、宣之がいった。

「ボール球が7つありましたね。一朗は、ボール球だけは打ちませんでした」

8番ボックスは、打撃練習だけでなく、選球眼を養い、ときにはバント練習もこなす実戦の場だったのである。

『空港バッティングセンター』の管理人は鈴木父子をよく覚えていた。

「ここで仕事を始めて20年以上になりますが、あんな父子は見たことがありません。うちは元日が休みですから、1年３６４日来ていました。熱心な父子でも、せいぜい週に2、3回。ところが、一朗君は毎日お父さんと来て、夜11時のラストまで打っていました」

毎日、2千円ほど使ってくれたという。２００円で25球出るマシンだから、２５０

球も打っていた計算になる。午後のトスバッティングと合わせると、バットスイングは450球。おそらく練習量は、小学生の日本一だったのではないか。

高校入学時28センチ扁平足の持ち主

バッティングセンターの特訓を終えて帰ると、父子はときどき衝突した。そういうとき、一朗は必ず布団にもぐり込んだ。それでも、ときおり布団を上げ、父親の様子をうかがう。たとえケンカしても、1日の仕上げが終わらないうちは眠れなかったのである。仕上げとは、足裏マッサージであった。

宣之は一朗が眠る前の30分から1時間をマッサージタイムにあてていた。

「私は専門家ではありませんが、足裏にはツボがあります。一朗が気持ちよくなる場所を探してやるわけです。お互い口に出していえないことがあるから、父親の愛情を足裏を揉むことで感じ取ってほしかったんです。小学校3年から始め、中学校を卒業するまで、7年間、毎晩つづけました」

1日の終わりがマッサージなら、1日の始まりもマッサージ。一朗が目覚めた朝6時半から30分、宣之は一朗の足裏を揉みほぐした。

そのせいか、一朗が中学を卒業するとき、足のサイズは28センチにもなっていた。

彼の足は、扁平足として広く知られている。先の北京五輪で男子400メートルリレー銅メダルを獲得した末續慎吾も、扁平足として有名だ。大きく平らな足が、俊足を生むのであった。

宣之は、どんな気持ちで一朗の足裏を揉んだのだろうか。

「日本一のプロ野球選手になれよ。そんな一念でしたね」

91年秋、一朗がドラフト会議でオリックスに指名されたとき、念願が叶った宣之は、息子に記念の品をプレゼントしている。温泉場などに置いてあるローラー付きの足裏マッサージ機であった。

今日、イチローにケガが少なく、風邪をひいたという報道に接したことが皆無なのも、少年時代の足裏マッサージが影響していると思われる。宣之のありったけの情がイチローを創ったのである。

「東大も夢ではない」と言われた集中力

一朗は豊山中学に進み、頭角を現す。中学3年のとき、横浜スタジアムで開かれた全国中学校野球大会で3位。一朗はエースで、3番を打った。そのときのピッチングを見て、一朗を愛工大名電にスカウトした人物がいう。

「一朗君の球は、めちゃくちゃ速かった。中学生の投手を判断する目は、ただ一つ。球が速いか、遅いかです。一朗君は相手の3番、4番以外は力を入れて投げなかった。これは、将来すごい選手になると、興奮して宣之さんに話したのを覚えています」

いきおい一朗のもとには全国の名門高校から勧誘が殺到した。愛工大名電をはじめ、東邦、享栄などの愛知県勢はもちろん、大阪のPL学園などの名門チームからも声がかかった。

その中から、宣之は愛工大名電を選んだ。

「名電は工藤公康投手（現・横浜）のほか、11人のプロ野球選手を輩出していました。監督の中村豪さんが、投手を酷使しない方だと聞き、名電に決めたんです」

中学時代、一朗は勉学にも精を出した。中学3年の2学期は、学年で10番以内に入り、通信簿は音楽と数学を除き、オール「5」だった。時の校長である渡辺久和が「東大も夢ではない」と語ったほどである。

宣之は、野球の練習に備え、勉強はなるべく効率的に運べるよう工夫した。あらかじめ一朗が勉強する参考書のページを開いておき、英語の辞書を繰るのも、宣之が代行した。

「あの子はバッティングも勉強も同じです。集中力です。集中力こそ、あの子の最大にして最強の武器なんです」

山﨑武司を凌駕した118メートルの遠投

愛工大名電監督の中村豪は、入部してきた一朗を見て、「掃き溜めに鶴だな」と思った。15歳だというのに、すでに風格が備わっていたからである。工藤公康の第一印象も同じだった。一朗のしなやかなバッティングは、観察すればするほど、「巨人の篠塚みたいだな」と感じた。

中村は将来を見込み、一朗を1年春からレギュラーに抜擢。秋には157打数89安打。打率5割6分7厘と打ちまくった。

「高校3年間で、一朗の三振はたった2つしかありません。それくらい、彼のバットコントロールは抜きん出ていました。『センター前ヒットなら、いつでも打ちますよ』というのが口癖で、実際そのとおりの結果を出しました。宇宙人みたいなやつだなと思いました」

一朗の非凡さはバットコントロールだけではなかった。アイデアマンの中村監督は、バットスピードを見るため、打席から二塁ベース方向に〝バット投げ〟をやらせた。

「イチローが投げると、キューンという音を発し、二塁ベースを遙かに越え、外野の芝生まで飛んでいきました。距離にして、約70メートル。もちろん、チーム一です。隣のサッカー場から遠投させても、118メートル。山﨑武司（現・楽天）でさえ、

110メートルでした。もちろん、足は速いし、将来、とてつもない選手になると思いましたね」

星稜高校グラウンドでのイチローと松井の初対決

その一朗が星稜の松井秀喜（現・ヤンキース）と顔を合わせたのは、1990年6月24日。一朗が2年、松井が1年の春であった。場所は、石川県金沢市の星稜高校野球場。

ふたりの第一印象がおもしろい。

「でっかいやつがいるなあ」（一朗）

「うまいバッターだなあ」（松井）

初対戦の結果は、イチローに軍配が上がった。

練習試合の第1試合、イチローがライト前ヒットで出塁すると、一塁を守っていた松井に聞いた。

「ホームランを何本打っているの？」

「7本です」

ニキビ面の松井は、照れくさそうに答えた。

それが、ふたりの出会いだった。

第2打席はセンターフライに倒れたが、第3打席はレフト前ヒット。第4打席はレフトフライ。4打数2安打。

対する松井は三振、センター前ヒット、三振で3打数1安打で、6回から交代した。

第2試合も、一朗はライト前ヒット、レフト線2塁打、セカンドゴロ、ショートフライ、センター前ヒットと左右に打ち分け、5打数3安打。松井は9回裏にピンチランナーとして出塁したのみであった。

翌年は、愛工大名電グラウンドで練習試合が行われる予定だったが、雨で中止。一朗と松井は名電の寮で将来の夢を語り合った。

「中日が好き」（一朗）

「憧れの球団は阪神です」（松井）

卒業14年目のキャッチボール

愛工大名電野球部は全寮制のため、一朗は3年間、部員たちと寝食を共にした。一朗がいちばん苦手なのが食事である。中学までは極端な偏食家で、ヒレステーキが好物。野菜は一切食べなかった。

　鈴木家行きつけの寿司店店主がいう。

「一朗君の好きなネタはトロとイカ。そればかり、10人前も食べていました」

　寮で食事を作るのは、中村監督夫人の仕事であった。

「入寮当初、野菜が食べられませんでしたね。シイタケなんか全然ダメでした。食べないと、先輩から叱られ、皿に山盛りにされたり、意地悪をされるので、必死の形相で食べていましたね。でも、最後まで、フキだけは食べられませんでした」

　こんなエピソードがある。2年前のことだ。プロ・アマの垣根が低くなり、プロでもOBに限り、母校でキャッチボールができることになった。イチローが名電グラウンドにやって来ると、中村監督の後任である倉野光生監督がキャッチボールの相手を務めた。

　ところが、イチローはいつまでたってもキャッチボールをやめようとしなかった。なにしろ、あのレーザービームである。倉野は手が真っ赤に腫れ上がり、悲鳴をあげたが、イチローは黙殺し、投げつづけた。

　目撃した関係者がいう。

「倉野監督はイチローの高校時代にコーチだった人。野菜を食べないイチローに対し、鉄拳制裁を加えたことがあったらしく、イチローはそのことを根に持っていたんです。

イチローが卒業してから14年目の出来事でした」

涙をこぼさなかった唯一のナイン

一朗の高校生活最後の夏が始まった。一朗は高校2年夏、高校3年春と、2回甲子園の土を踏んでいたが、自慢のバットは爆発せず、通算9打数1安打（打率1割1分1厘）。いずれも1回戦で敗れただけに、一朗は捲土重来を誓っていた。

そのため、愛知県大会では猛打が爆発した。準々決勝では場外ホームラン、準決勝は満塁ホームラン。打率7割5分というハイアベレージで、決勝の東邦戦に臨んだ。

中村監督によると、東邦の阪口慶三監督（現・大垣日大）は、「満塁でも一朗を敬遠する」と公言して憚らなかった。

「ですから、1回表無死一、二塁というチャンスの場面で、3番にはバントさせず、ヒットエンドランを命じました。バントが成功し、一死二、三塁になったら、4番の一朗が歩かされてしまいますからね。ところが、3番が三振。二塁ランナーが三塁で刺され、ゲッツーになりました」

1回裏、東邦に3ランで先行され、優勝候補の名電は0対7で完敗。一朗もノーヒットに終わった。

中村監督は、そのときの一朗の顔が忘れられない。

「選手たちは、甲子園を目の前にして敗れ、泣きじゃくっていましたが、一朗だけはちがいました。『ぼくが打てなくて負けたんです』。唇を噛んでいましたが、涙は一滴もこぼしませんでした。負けた瞬間から、すべての気持ちをプロ入りに切り替えていたんです。強い子ですよ、彼は」

もっと驚いたのは、翌日、一朗が愛工大名電のグラウンドに姿を現したことだった。

「1、2年生にまじり、一朗が黙々と走っていました。甲子園出場の夢が絶たれた翌日だというのにね。しかも、ドラフト会議をはさみ、12月末までの5ヶ月間、1日も欠かさずグラウンドに来ました。私は10人以上のプロ野球選手を育てましたが、一朗のような選手は見たことがありません」

さらなる驚きは、父親の宣之だった。

「バックネット裏にある長椅子のいちばん左端が、宣之さんの指定席でした。ふつう、3年生の親は、夏の大会が終わると、誰も来なくなるんですが、宣之さんは例外でした。一朗が寮を出たため、毎日、車で自宅とグラウンドを送迎していました。片時も、イチローの練習から目を離すことがありませんでした」

宣之は木工電動工具のトップメーカーであるマキタの部品を作る会社を経営しており、多忙だった。にもかかわらず、一朗のために時間を割いた。自分の夢を注ぎ込んだのであった。

「松井の評価」から始まった　イチローのコンプレックス

ドラフト会議が近づくにつれ、鈴木家にはプロ野球球団のスカウトが来襲した。

「ええ、12球団すべてのスカウトがいらっしゃいました」(宣之)

先述したように、中日は地元・名古屋の球団ということもあって、宣之も、一朗も、大好きな球団であった。

一朗の噂を聞きつけ、当時、中日の監督だった星野仙一が、お忍びで夏の愛知県大会を見に行ったことがある。

「ピッチャーとしては線が細かったが、バッターとしては豊かな天分を感じました」

そんなコメントを残している。

中日からの1位指名を渇望した父子だったが、結果はオリックスの4位指名。中日の1位は落合英二(日本大。引退)。オリックスの1位は田口壮(関学大。現・フィリーズ)であった。

高校時代は甲子園で活躍できず、ドラフトでは下位のその他大勢扱いされ、イチローのプライドが傷付いた。1年後輩の松井(星稜高)は一朗が甲子園出場を逃した夏に、ベスト4に進出。翌年のドラフトでは、巨人に1位指名されることになる。

イチローのコンプレックスは、ここから始まる。

オリックスとの契約金は4千万円。年俸は430万円。ちなみに、翌年の松井の契約金は1億2千万円。年俸は840万円であった。

しかし、一朗は1年目から天分を見せつける。ジュニアオールスターで代打決勝ホームランを放ち、MVP。ウエスタンリーグで3割6分6厘という高打率を残し、首位打者になった。

翌93年夏には、ウエスタンで30試合連続安打を放ち、一軍からお声がかかったが、「フォームを固めたい」と固辞した。

「二軍の河村健一郎打撃コーチとフォームの改造に取り組んでいたんです。高校時代は摺り足だったんですが、プロに入って〝振り子打法〟に変え、それが完成寸前だったんです」（宣之）

内野安打こそ真骨頂、イチローの生命線

1994年6月25日。オリックスのイチローが、瞬間風速ながら、初めて打率4割の大台に乗った日、わたしはたまたま東京ドームにいた。

対日本ハム14回戦。観客は巨人戦の半分の2万8000人だったが、記者席は異様な熱気に包まれていた。この日、最初の打席でイチローがヒットを打てば、4割に到達するからだった。

注目の第1打席。日本ハムの投手は左腕・河野博文。左打席のイチローは、右足を時計の振り子のように振る独特のフォームで、巧みに左へ流し打った。左翼線二塁打。記念すべき4割到達の瞬間だった。

第2打席、イチローは、センターのスコアボードに「AV・401」と出ると、「いいなあ」とばかり、目を細めた。

イチローは第5打席でも内野安打を放ち、開幕60試合目にして100本安打に到達した。内訳は、ライト32本、センター19本、レフト28本。内野安打が21本と多いのがイチローの特徴だった。日本時代の内野安打数と打率（内野安打がなかった場合の打率）は、次のとおりである。

1994　33　・385（・324）
1995　30　・342（・284）
1996　34　・356（・293）
1997　34　・345（・282）
1998　24　・358（・310）

1999　15　・343（・307）
2000　29　・387（・314）

このように、内野安打がなかったら、イチローは傑出した選手でなくなる。メジャー時代も、内野安打がなかったら、打率は2割中盤から後半。とどのつまり、イチローの生命線は、「足」ということになる。

「率」と「本」で異なる気持ちの持ち方

4割到達の日を境にして、イチローは時の人になる。6月6日の近鉄戦は4打数4安打。打率を4割7厘に上昇させた。

記者に囲まれたイチローは、目標は「4割」か「200本安打」かと訊かれ、「200本安打」と答えた。その理由は、打撃の師匠であり、同時にカタカナ名の「イチロー」の発案者、新井宏昌打撃コーチの持つシーズン最多安打記録184本を上回りたかったからにほかならない。

同時に、イチローらしい冷静で、したたかな計算もあった。

「4割をめざすと、4打席ノーヒットのとき、5打席目はバッターボックスに立ちたくなくなる。200本が目標なら、絶対に打席に立ちたくなる。気持ちがアグレッシブになる」

彼のコメントを聞きながら、

「ウォームハートとクールヘッド（熱いハートと冷静な頭脳）」

という言葉を思い出した。

94年9月21日。対ロッテ戦。6回の第3打席、カウント1―1から、サウスポー園川一美の高めのシュートを叩くと、右越え二塁打。この日、園川から奪った3本目のヒットが、記念すべき200本安打になった。

「強い打球を打つことだけを心がけました。園川さんとは相性がいいので、1本目の安打が出たとき、いけるという予感がありました。でも、まさか3本もつづけて出るとは」（イチロー）

イチローはこのシーズン、最終的に210安打まで記録を伸ばし、パ・リーグ最優秀選手に輝いた。

記録男イチローがたった一つ超えられないもの

その後のことは、読者もよくご存知であろう。日本で7年連続首位打者に輝き、海を渡った。マリナーズでは、2001年から2007年まで、7年連続200本安打を記録（08年も213安打で8年連続）。日本での実績がダテでないことを証明してみせた。

毎年、200本を超すヒットを放ちながら、イチローにはひとつだけ超えられないものがあった。松井秀喜（ヤンキース）の人気であった。

それだけに、イチローの松井に対するライバル心は尋常でなかった。松井がヤンキースに入団した2003年春、ヤンキースタジアムでマリナーズとヤンキースの試合が行われたときのことだ。

試合前、松井の激励に訪れた長嶋茂雄を見かけると、イチローは歩み寄り、打撃練習用の手袋をとって握手したが、松井と握手したときは手袋をしたままであった。

コメントが、負けず嫌いのイチローらしかった。

「ヤンキースの選手で、ひとりだけ浮いた人がいましたね」

意図的なのか、それとも湧き上がる情念に抗しがたいのか、イチローはメディアの前で、挑発を重ねてきた。

「なりふり構わない自分でいたい。ナイスガイになんかなりたくない」

これは2003年に米国メディアから「グッドガイ賞」を受けた松井のことを指しているものと思われる。

ふたりの考え方の相違は、端的にいえば、野球は「個人」か「組織」かということだった。

イチローが、吠える。

「チームのためにって発言、表現したりしている選手ほど、チームのことなんて考えていない」

こんなコメントを発したこともある。

「ファンがお金を払って見に来たいと思うような選手でいたい。勝つためだけにプレーしているという選手に会うと腹が立つ」

極めつけは、こうだ。

「4打数0安打でチームが勝つより、基本はチームが負けても4打数4安打のほうがうれしい」

これを、正直な発言と受け取るか、エゴイストと解釈するかは、人それぞれによってちがうだろう。

イチローの一連の挑発に、温厚な松井が、一度だけ反発したことがある。

「野球はあくまでチームスポーツです。その中で、個人の優劣を競うことに、いったいどれだけの意味があるんですか」

ある記者が「個人記録が一切なくてもいいのですか」と突っ込むと、松井は言い放った。

「ぼくの場合、それでもいいですね」

まるで想像できない現役引退後のイチロー

松井は06年に右手首を骨折し、07年は右膝を手術したが、今年は左膝の手術を避けられそうにもない（08年シーズン終了後に手術）。

それだけに、イチローの持論は強烈な響きを伴う。

「ケガをしたら、それまでの選手ということですよ」

イチローには、日本人野手として、メジャーリーグの「けもの道」を開拓したという自負心がある。そんなイチローからすると、巨人、ヤンキースという「エリートコース」を歩んでいる松井は、特別の存在に映るのであろう。

現役引退後、ふたりは対照的な道を歩むかもしれない。おそらく松井はコーチ、監督を経験するだろうが、イチローの場合は想像がつかない。サッカーの中田英寿のように、ある日突然、引退宣言し、ファンを驚かせるかもしれない。そして、野球界の誰もチャレンジしなかった仕事を始めるかもしれない。タイプからして、人に教えるコーチ、監督は像を結ばない。

イチローと松井のライバル物語は、現役引退後もつづくであろう。最終評価は、中国のことわざにあるとおりである。

「棺を蓋いて事定まる」

9月10日の対レンジャーズ戦。イチローは4安打の固め打ちをし、200本安打まで、あと18試合を残し、10安打と迫った。

試合後、記者に囲まれると、イチローは興奮ぎみに語った。

「ものすごく大きい」

今季の200本安打達成を確信したのだろう。イチローは「ものすごく」という言葉にひとしきり力を込めた。

イチロー年度別安打数

年	無安打	1安打	2安打	3安打	4安打	5安打	猛打賞
1992	19	18	3	0	0	0	0
1993	35	4	4	0	0	0	0
1994	13	48	51	12	6	0	18
1995	21	52	45	11	1	0	12
1996	30	41	33	18	8	0	26
1997	25	53	41	14	2	0	16
1998	36	44	35	14	5	1	20
1999	19	40	32	11	1	0	12
2000	18	37	34	16	0	0	16
日本通算	216	337	278	96	23	1	120
2001	22	60	49	20	6	0	26
2002	32	62	44	18	1	0	19
2003	35	58	49	12	5	0	17
2004	27	54	46	24	6	4	34
2005	36	66	42	16	2	0	18
2006	37	53	49	16	5	1	22
2007	28	57	52	20	3	1	24
米通算	217	410	331	126	28	6	160
日米通算	433	747	609	222	51	7	280

イチロー年度別成績

年	試合	打数	安打	二塁打	三塁打	本塁打	打点	盗塁	三振	四球	打率
1992	40	95	24	5	0	0	5	3	11	3	.252
1993	43	64	12	2	0	1	3	0	7	2	.187
1994	130	546	210	41	5	13	54	29	53	51	.385
1995	130	524	179	23	4	25	80	49	52	68	.342
1996	130	542	193	24	4	16	84	35	57	56	.356
1997	135	536	185	31	4	17	91	39	36	62	.345
1998	135	506	181	36	3	13	71	11	35	43	.358
1999	103	411	141	27	2	21	68	12	46	45	.343
2000	105	395	153	22	1	12	73	21	36	54	.387
NPB通算	951	3619	1278	211	23	118	529	199	333	384	.353
2001	157	692	242	34	8	8	69	56	53	30	.349
2002	157	647	208	27	8	8	51	31	62	68	.321
2003	159	679	212	29	8	13	62	34	69	36	.312
2004	161	704	262	24	5	8	60	36	63	49	.372
2005	162	679	206	21	12	15	68	33	66	48	.303
2006	161	695	224	20	9	9	49	45	71	49	.322
2007	161	678	238	22	7	6	68	37	77	49	.351
MLB通算	1118	4774	1592	177	57	67	427	272	461	329	.333
日米通算	2069	8393	2870	388	80	185	956	471	794	713	.342

ソープ接待・抱き合わせ入団・裏金から給料、球団間格差まで！

気苦労が絶えない…スカウト悲哀物語

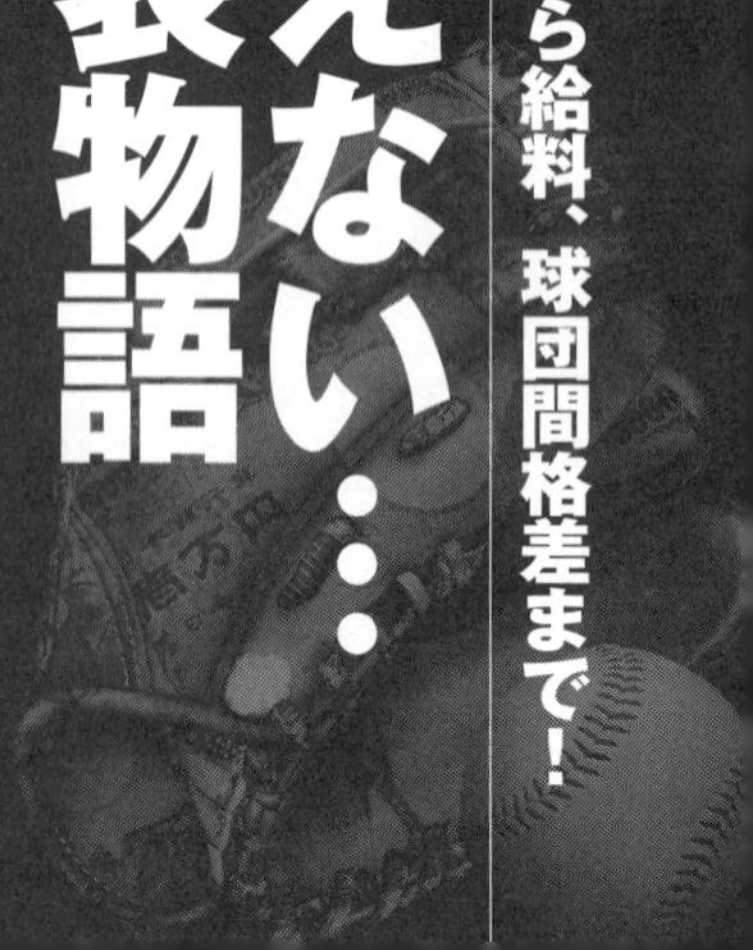

その昔、ドラフト指名で揉めた際、
ある監督は「スカウトのくせに……」と見下した。
球界には「実績を残せなかった人間がなる職業」
だという認識もいまだに存在する。
「金の卵を発掘する」役割であるはずが、
ときには裏金やソープ接待を行う。
あるスカウトは自虐的に言った。
「俺らは〝人買い〟なんだよ」と……。

文／豊島純彦

『あるんでしょ？』と御礼を求めてくる選手関係者

「スカウトとして重要なのは、いかに選手の関係者や所属チームの監督を口説き落とすかなんだ」

ある現役スカウトはこう言い切った。良い選手は評判となり、すぐに情報が入ってくる。問題はそこからなのだと。

一般的なスカウトの仕事のイメージとは、担当地区を駆け回って数多くの試合を観戦し、他球団のスカウトに先駆けていかに素質ある選手を見出すか、といったものだろう。しかし、冒頭のコメントにあるように、入団契約に至るまでの苦労こそ、スカウトの本当の仕事と言えるのかもしれない。

「04年に発覚した『栄養費』問題で、これまでのようなあからさまな行為は影を潜めたとはいえ、裏金を利用したスカウト活動はなくなっていない。確かに05年6月にプロ野球実行委員会はスカウト活動における不正を防止するために『倫理行動宣言』を発表して、獲得活動において利益供与を一切行わないことを規定した。しかし、どこまでが許されて、どこからが違反なのかという境界線は各球団の〝常識〟に委ねられている。

12球団で統一した決まりがないんだ。そうした曖昧なルールの下では完全に取り締まることは難しいと言わざるを得ない。

実際、いまだに『あるんでしょ?』と御礼を求めてくる選手関係者はいる。また、ある球団のスカウトは今も週に20万円の経費を使っているというからね。それも『必要なら使っていい』のではなく、関係者のために使い切れというんだ。恵まれているように感じるかもしれないが、毎週20万円を使うというのは大変なこと。毎日のように接待をしないといけないわけだから。

欲しい選手の身辺調査を徹底的にやることもスカウトの仕事。家にローンや借金があれば肩代わりを約束してでも入団に繋げる。兄弟や親戚のことまで調べるときもある」(球界の裏事情に詳しい関係者)

かつては選手の監督や関係者などを高級クラブに連れて行ったりすることは珍しくなく、中には選手の父親の要望でソープの入浴料を支払ったりなど、あの手この手で関係者を懐柔していたという。そして、スカウトのそうした仕事は現在もなくならずに残っているというのだ。

名門チームからのオファーと『プロ野球志望届』の義務化

さらに強豪高校、大学、社会人チームの関係者との人間関係には、できる限りの気遣いをしなければならない。

「例えば今年のドラフトでどうしても欲しい選手がいれば、前年にそのチームから選手を指名する。言わば抱き合わせ入団させるんだ。また、今後もそこから有望選手が輩出されるだろうと思えば、パイプが細くならないように相手から頼まれた選手を獲得するケースもある。

しかし、球団の事情で応えられない場合も出てくる。数年前、ある名門社会人チームの監督から数球団に『うちのA投手がプロに行きたがっている。おたくで獲ってくれないか』との打診があった。だが、いずれの球団もその時点ではプロで通用しないと見て断った。

これに憤慨した監督は、翌年になると大化けして目玉投手に成長したAを、前年に拒否された球団からの誘いには耳を貸さずに別の球団に行かせた。そしてAは見事に新人王を手中にしたんだ。その事実も痛かっただろうが、打診を断った数球団にとっては、名門チームとシコリが生まれてしまった方が痛手。スカウトはそうした付き合い方が実に難しいんだ」（スポーツ紙デスク）

スカウトはライバル球団との選手獲得合戦にも神経をすり減らさなければならないわけだ。

「とにかく競争なわけだから、選手を獲るためには手段を選ばない。有望な高校生を獲りたいがために、大学進学と表明させて他球団に諦めさせ、実際にはドラフトで強行指名して入団させる手法は西武がよくやっていた。

また、中日は遊学館高校時代の小嶋達也を獲るために監督らも口説き落として入団の方向で固まっていたところ、急に本人が『社会人に行く』と言い出したので不信感を抱いた。小嶋や家族がファンである阪神が横槍を入れており、ドラフトで指名してくるのではないかと警戒し、社会人に行くことを約束する書面を作らせたことがあった。

そうした状況に対応するために、プロ志望の学生選手へ義務化したのが『プロ野球志望届』。おかげでそのやり方はできなくなったものの、スカウトは他球団を出し抜くためにいつも知恵を絞っている」（ベテラン記者）

プロの世界なだけに、親子を引き裂くことだって厭わない。06年の高校生ドラフトでナンバー1スラッガーとして高い評価を受けていた堂上直倫。知られているように、彼の父親は中日の寮である『昇竜館』の館長で、兄も中日の選手。他の球団は手を引くのが普通だというが、右の強打者を欲しがっていた阪神は違った。もちろん、ルールに則っているのだから問題ではない。が、中日にしてみれば「そこは遠慮してくれ」となる。

阪神スカウトはドラフトが近づくに連れて、堂上の試合を見る回数を増やしていき、担当記者などを通して「うちは堂上で行く」と中日を牽制。

意地でも譲れない中日も「やってやるぞ」と返し、両者は最後まで険悪な雰囲気だったそうだ。

スカウト同士のえげつない駆け引き

基本的にスカウト同士は決して仲が悪いわけではなく、ドラフトで談合が行われることも少なくない。

「ドラフトの当日になって上司である編成部長などに、『この選手は何としてでも獲得しろ』と命じられる。ところが、その選手の指名予定は4位で、ウエーバー順が先の別の球団も4位指名してくるという情報があり、このままでは交渉権は得られない。そこでその球団のスカウトに、『今回は事情があってどうしても獲らないといけない。次はそちらの要望に応えるから、1つ貸しておいてくれないか』と頼みに行って指名を回避してもらうんだ。たまに見られるね。07年もあった。

ただ、えげつないことをする球団もあって、今の例で言うと、4位指名をやめてもらうようにお願いした球団が、目当ての選手を4位ではなく、5位で獲得したことがあった。5位指名のウエーバー順は反対になるから、4位では違う選手を獲っておいて、狙いの選手は5位で指名するという離れ業だ。4、5位指名あたりで重複しそうな欲しい選手が他にもいたんだろうけど、何とも狡猾なやり口だよね」（前出・現役スカウト）

球団内に派閥がある場合、「選手をまったく見ていない」などと上司に誹謗中傷、足を引っ張ることもあるというから、スカウトの気苦労が絶えることはない。

また、球団内部からの強権が発動されて振り回されることもしばしばだ。耳打ちするのはさる球界関係者だ。

「1位や2位クラスではあり得ないが、ある程度の基準を満たしていれば縁故で選手を指名することだってある。監督の知人の息子だったり、球団幹部絡みだったり。スカウトがプレーを一度も見たことがない選手が入団したことだってあるよ。

監督がギリギリの段階になって、突然、『この選手にしろ』と言ってくることもある。

そうなると、スカウトは1位で指名することを伝えていた選手を2位指名に落としたり、指名自体ができなくなることも。関係者への説明責任も生まれ、スカウトとしてはたまったもんじゃない。だから自球団の監督との関係もスカウトにとっては重要なんだ」

「実績が影響しない世界」の年収と球団間格差

一つ気になるのが、自分が指名を推薦した選手の活躍度が、給与や立場に影響するか否かだ。

「そういうことはない。スター選手を多く担当したからといって給料が上がったり、すぐに出世するものでもない。例外もあるが、そのあたりは基本的に年功序列。また、スカウトとしてあまり結果が出せなくても編成部長に気に入られていればクビは繋がる。だから部長の顔色ばかりうかがって、たいした仕事もせずにいるスカウトもいる。

とにかく部長の影響力が大きいんだ。各地区のスカウトが上げてくる情報をまとめて、最終的に指名選手を決めるのは部長。誰が見ても良い選手はともかく、女性の趣味と一緒で選手の良し悪しの判断にはスカウトの好みが出るから、何が正しいかわからない。数年後の結果がすべてだからね。

それでもスカウトと対話してくれる部長はいいが、セのある人気球団の部長は完全な独裁で、スカウトの話には耳を貸そうともせずに自分の意見を押し通す。はっきり言ってスカウトの情報は意味がない。だから、ここのスカウトは育たないと陰口を叩かれている」（前出・現役スカウト）

何やらイメージとは違う、スカウトの実態がわかってきたが、待遇面はどれほどなのか。

「スカウトの年収は平均800万円ほどだろう。敏腕と呼ばれるベテランの中には2千万円級の人もいるが、安い球団の中には450万円くらいのスカウトもいて、球団によって違うね。

金持ち球団のスカウトは服装ひとつ見てもきれいだよね。折り目がついていてクリーニングしているのがわかる。

しかし、給料が低い球団のスカウトは汚れたズボンをはいている。仕事で宿泊してもランドリーに出さないんだ。それでも食事代や移動距離によって多少とはいえ手当てが出るし、球団が優勝すればボーナスも出る。金額は20万円くらい。ロレックスの時計が配られた球団もあった」（前出・球界関係者）

今のご時世を考えれば、決して悪い状況ではないように感じるが、元々はプロだった人間が多く、それまでの生活水準が低くはない。

そのため、こんな〝裏技〟を駆使している者もいるそうだ。

焼肉食わせて出費数万円　安月給ではやっていけない！

「前日に移動する予定の出張を、実際には当日に行って宿泊費を浮かす。『車で移動する』とガソリン代を球団に請求するが、ときには他球団のスカウト仲間の車に便乗する人もいる。

経費の少ない球団のスカウトは、選手や関係者との食事も自腹でしょ。選手と行けば、チームメイトが2、3人ついてくることもあり、食欲が旺盛な彼らと焼肉にでも行けば数万円はかかる。だから給料が安いスカウトはやっていけないんだ。自ら辞めていく人もいるね。

かといって、野球だけでメシを食ってきた彼らだから、辞めて何ができるわけでもない。

クビになったスカウトも含め、辞めた後にアルバイト生活を強いられ、連絡が取れなくなってしまったスカウトもいるよ」（前出・スポーツ紙デスク）

契約は1年ごとで、前述の通り、スカウト部長との関係が悪くなればいつ放り出されるかわからない。そうした危機感からか、アマの監督と結託して選手の契約金の一部を搾取していたスカウトも過去に実在した。

やはりスカウトの仕事は楽ではないようだが、今後は実力の世界に移行していく動きが現れてきていると、前出の現役スカウトは語る。

「今までは引退した選手が拾われるような形でスカウトに就職していた。条件は人間性の良さや、有名大学や社会人出身でパイプを持っていることだった。しかし、最近はスカウトの引き抜きが増えており、選手の将来性を見抜く慧眼や獲得交渉術能力などが必要とされてきてるよ」

スカウトの仕事は益々、苛烈になっていきそうだ。

第三章
球界の真実

王貞治の「抗議」と「叱り」

「世界の王」が見せる人間味

日本のプロ野球を支えてきた大スター、王貞治。週刊誌やスポーツ新聞に何を書かれても平然としてきた長嶋茂雄と違い、野球に直接関係ない書かれ方をした場合、ときには抗議をし、記者を叱ってもきた。しかし、根底に〝やさしさ〟が見えるのは、王貞治の人間性がなせるものだろう。

文／織田淳太郎

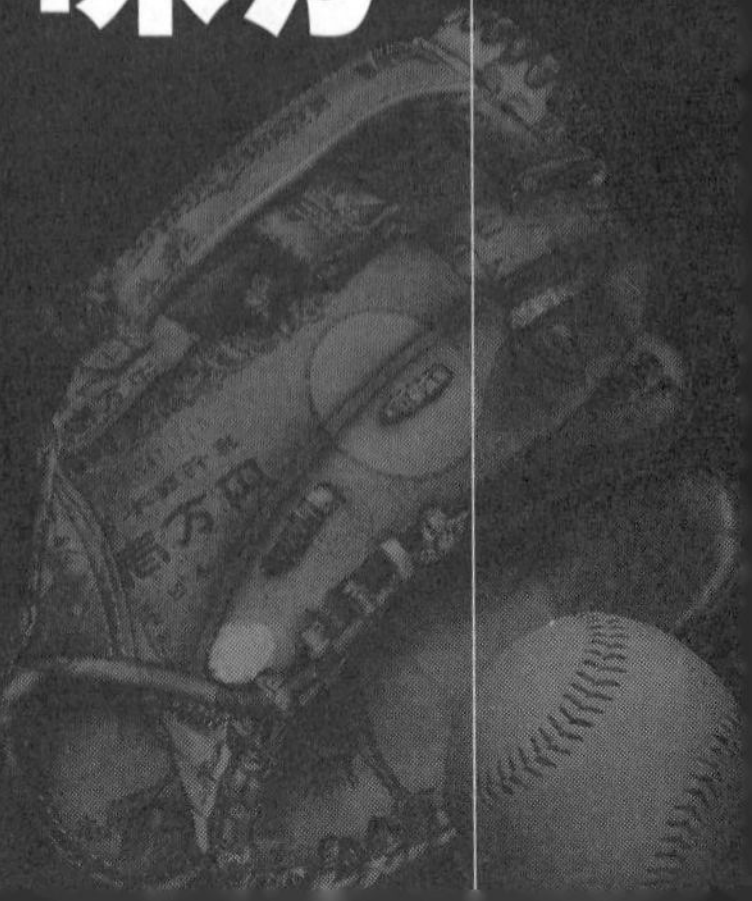

世界の王から直接かかってきた電話

『フラッシュ』（光文社刊）という写真週刊誌がある。ソフトバンクがまだダイエーだったある日、そのフラッシュの記者が野球中継を見て、王の妙な癖に気がついた。苦しい戦況の中、苛立ちを押し殺すように、王がしきりとベンチ内で唾を吐いていることである。

その話を企画会議にかけると、一つの記事の切り口が浮かび上がった。「王監督は1試合で、果たして何回唾を吐くか」——。これが取材ターゲットだった。

球場に赴いた記者は2試合に渡り、双眼鏡で唾の回数をひたすらカウントした。1試合目26回、延長に突入した2試合目48回……。

その記事が世に出てまもなくのことだった。同編集部の鈴木紀夫編集長あてに一本の電話がかかってきた。

鈴木が振り返る。

「私の耳には『奥さんから電話です』と聞こえたんです。だから、軽い感じで『何？どうしたの？』って電話口に出た。すると、電話の向こうが『ダイエーホークスの王です。あなたが編集長ですか？』と言う。いやぁ、ビックリしましたね。私が慌てて襟を正すと、王さんがこう言うんです。

『僕に対するあの記事を見ましたが、その意図をお聞きしたい。普通は広報を通して抗議するんですが、そうするとカドが立つし、時間もかかるでしょう。だから、直接僕があなたに話そうと思ってね』

私も電話じゃうまく伝わらないと思ったので、『一度、お会いできますか?』と聞いたんです。王さんは『じゃ、近く東京で試合があるので、そのときお会いしましょう』と言ってくれました」

「雑誌のプロ」の言葉に納得した「野球のプロ」

数日後、鈴木はダイエーホークスの都内の宿泊ホテルに向かった。猛烈な雨が降っていた。ホテルに到着すると、正面玄関の前で王が待っていてくれた。二人は簡単な挨拶を済ませると、王が用意した人目につかない応接室に入った。

「こういう記事を書かれたのは初めてです」

王の第一声だった。

「僕は誰からも後ろ指をさされない生き方をしてきた。野球ひと筋で真っ当にやってきたつもりです」

鈴木はまず不愉快な思いをさせたことを詫びると、記事の意図を説明した。

「私の考えですが、雑誌というのはテレビや新聞では分からないことを伝える義務があると思うんです。それが、読者のためでもある。王さんが野球のプロであるように、私も週刊誌のプロとして自負を持ってますから」

この「プロ」という言葉が、王の心のわだかまりをほぐしたのかもしれない。

二人は急速に意気投合していった。王は早実出身、鈴木は早大出身、しかも、同じ昭和15年生まれ。話し合いは、やがて笑いを交えた雑談にも発展した。

鈴木は言う。

「王さんはホントに良い人でした。私が煙草を吸いたそうにしていたら、『煙草ですか？』とすぐに灰皿を探して持ってきてくれた。すごく気配りの利く人だなあと思いましたね。約1時間話して私が失礼するときも、わざわざ玄関まで見送りにきてくれましてね。私が傘を広げるまで待っていてくれる。すっかり王さんのファンになってしまいましたね」

堀内恒夫が語る「王監督の人間性」

巨人時代を含めて、監督としての王貞治が、これまで幾度となく口にしてきた言葉がある。

「記者の商売は最後になれば、決して我々とは相容れないものなんだ。利害関係がまったく違うからね」

実際、公の場における王がチーム内の機密をうっかり口にした――という形跡は、これまでただの一度もない。暴言や注目発言によってマスメディアを騒がせたこともなく、自ら表立って報道内容にクレームをつけたことも皆無に近い。

先の北京五輪で「星野ジャパン」は、文字通りの惨敗を喫した。江本孟紀など有識者の多くが、その采配面での批判を展開した中、しかし、ＷＢＣ優勝監督としてのコメントを求められた王は、やんわりこう口にしただけだったという。

「ＷＢＣを戦った我々とは、チームの性質自体が違うからね」

たしかに、公の場における王が、ペンとノートを構える記者の前で感情を吐露することは希である。それがまた、「本音を語らない」「コメントがつまらない」という〝王貞治像〟を構築していることも事実である。

前巨人軍監督の堀内恒夫。その歯に衣着せぬ言葉で、報道陣の誤解を招いたことも多々あった彼は、苦笑混じりにこう口にしている。

「偉そうな意味じゃなく、監督というのは総理大臣と同じなんだよ。たとえば、気に食わない選手がいて、『あいつを二軍に落としたいよ』などと記者にポロッと口にしたらどうなる？　大袈裟に書き立てられて、チームは空中分解よ。だから、監督というのは、本音を語れないんだ。当然、報道陣とも敵対関係になってはいけない。

　俺はその辺が下手糞だったんだよ。勉強もしないでトンチンカンなことを聞きにくる記者がいたりすると、つい頭に血が上ってさ。発言に気をつけようと思っていても、『そんなこともイチイチ聞きにくるのか!?』なんて感じで、感情がすぐ正直に出てしまう（笑）。その点、王さんはどんな質問されても、『そうだねぇ〜』とか言いながらそれなりに答えるんだよ。若い記者なんてそれだけで喜んでしまうし、王さんはマスコミを大事にするという評判も広がる。でもね、大事にしているようで、王さんはマスコミの扱いがうまいところもあるんだよ（笑）」

ＫＫドラフトで捏造された「王監督の裏切り」

　一方、本音を語らないと言えば、王に付きまとうのが、「忍耐」の二文字である。話は少々古くなるが、巨人の監督を務めていた１９８５年。ドラフトを前にしてあるスポーツ紙の記者が、「清原（和博＝ＰＬ学園）が王さんのサインを欲しがっているから」と、一枚の色紙を王に差し出した。これに、王は気軽にペンを走らせた。

　ところが、翌日の紙面にそのサインが大々的に掲載され、王は一転してバッシングのターゲットにされる。

ある古参記者が言う。

「結果的に清原は巨人の指名を受けず、記者会見で悔し涙を流しましたが、ファンの多くが『清原の純真な心を弄んだ』と、王さんの大批判に走った。でも、これは文字通りの捏造報道。王さんは完全に被害者だったんです。にもかかわらず、王さんは一切言い訳をせず、批判に耐え続けた。

勝てないときなどは、ビールの入った紙コップをファンに投げつけられたこともありました。それでも、王さんは平然と正規の出口から球場を後にする。ファンの攻撃を避けるため裏口からこっそり帰途につく監督もいる中、王さんはその辺が正々堂々としてました」

この王の様子を観察してきたのは、何も報道陣だけではない。同じような「忍」の姿は、家族の中でも貫かれていたという。

王の次女・理恵は口にしている。

「ダイエー時代、チームのスパイ行為容疑がマスコミを騒がせたとき、父は可哀想でした。父はそういう行為が心底嫌いなタイプ。他球団のサインを覚えるぐらいなら、猛練習に励むべきだという人間なんです。でも、自分が何か口にすると、余計なことで騒がれる。だから、あの頃は自らを自宅での軟禁状態に置いたんです。約束していたゴルフは中止し、知人の結婚式も出席をキャンセルしたほど。父は約束事を破るのが大嫌いでしたから、相当悩んでいたはずです。でも、父からは愚痴らしい言葉を聞くことはなかった。ファンから生卵をぶつけられたときも、一言『大丈夫だよ』と口にしただけでした。私たち家族はかなり憤っていましたが」

アイスクリームなんかなめやがって！

もっとも、冒頭のエピソードが示すように、私人としての王が別人の様相を見せることは珍しいことではない。

昨年、ある中堅出版社が王貞治に見る「勝つためのリーダー思考」を出版した。表紙はユニフォーム姿の王。書籍のために撮り下ろしたものではないが、一応ソフトバンク球団の広報からもその写真の使用許可を取っていたという。

「ところが、王監督自身が『俺はそんなこと聞いてない』と、広報担当に言ったそうなんですね。表紙にどんな写真を使われるのかもそうですが、それ以上に本の意図を知りたがった。そのため、担当編集者が福岡まで飛ぶと王監督に意図を説明し、何とか写真の許可ももらってきたんです」（編集者）

寡黙にして穏和、そして忍耐の人。その一方で、報道以外の場所で見え隠れする「意外なほどの」神経質な一面。そこに横たわっているのが、野球で育んできた強固なプライドや父・仕福から受けた儒教的な道徳教育であることは言うまでもない。

元報知新聞の記者・川手洋一は、王が球場入りする際、初めてその車の同乗に成功した報道記者でもある。

王は根っからの平等主義者だった。「本当は君だけ特別扱いするわけにはいかないんだ。今日だけだぞ」と釘を刺しながらも、気がつくと王の車には他の報道陣も乗り込むようになっていた。

「ところが、ある夏の日、僕だけ遅刻してきたんです。おまけに、アイスクリームをなめながらの遅刻でね。いやあ、王さんにこっぴどく叱られましたよ。『バカヤロー！みんなお前のために待ってたんだ。それが、アイスクリームなんかなめやがって！』。和を乱したりすると、王さんはいつもこんな調子でした。それと、責任を人になすりつけることも、極端に嫌った。

あるとき、車の中で『まだ書くなよ』と釘を刺されながら、組閣人事に関する情報を王さんからもらったことがあったんです。しかし、僕としてはフロントからも情報を得ていたし、もはや100%間違いないという確信があったので書いてしまったんです。このときも、王さんに叱られましてね。『いや、デスクに書けと命令されたから』と言い訳すると、『なんで人のせいにするんだ！』と。王さんは記事そのものにクレームをつけてきたことはありませんが、こうしたことに関しては、とにかく厳しい人でした」

温かみがある人間・王貞治

実際、公での「穏和」な姿とは打って変わり、私的な場での王が短気な性格に豹変することは、知る人ぞ知る事実である。前出の王理恵は「他人に迷惑をかけたり口答えしたときの父は、鼻血が出るぐらい子供を殴るときもあった」と、証言している。また、ダイエー時代は居酒屋で忌憚のない意見を言った古賀英彦ヘッドの顔に、飲みかけのビールをぶちまけたこともあったという。

その王がテレビマスコミ、それも巨人系列である日本テレビの姿勢に対して、憤りの感情を露にしたことがあった。ただし、これも報道とは無縁な私的な関係でのひとコマである。

その場に居合わせた関係者の弁――。

「一昨年（05年）のことですが、東京ドームでの巨人戦を、日本テレビではなく、他局が放映したときは、ホント怒っていました。『日テレと巨人は運命共同体のはずだろ!?　人気があったときは美味しいところをとってたのに、視聴率が下がったら掌を返しやがって！　人気のない今こそ協力して盛り上げるべきじゃないか。それが、バラエティ番組なんかに切り替えやがって、まったくふざけるなだよ！』。そりゃ、すごい剣幕でしたよ」

公では「穏和」な姿を崩さず、忍耐強く本音も封印。一方で市井に立ち返ると、神経質な一面や頑固な道徳観を見せ、ときに仁義と恩に欠くマスコミに激怒する「超保守的人間」に変身。その本音と建前の明確な使い分けにおいて、マスメディアにとっては、これほど取材しにくい有名人もいないのかもしれない。

「しかし」と、前出の川手は言う。

「取材の場ではたしかに本音は言いませんでしたが、王さんは懸命な報道姿勢には、いつも好意的に接してくれました。かといって、報道陣みんなを分け隔てなく平等に扱ってくれたし、面倒見もすごく良かった。王さんの根にあるのは人間的な温かみなんです」

平成元年秋、川手は報知新聞を退職すると、妻の実家が経営する家庭用品の卸問屋に再就職した。そのとき、真っ先に心を砕いてくれたのが、王だったという。

王は川手を引き連れると、付き合いのある大手デパートの社長や重役を訪ね歩いては、「こいつをよろしくお願いします」と、自らも深々と頭を下げた。

「俺が君のところの商品を買えば、少しは君のためになるのか？」

川手が報道現場を離れてから18年。川手の会社の顧客の一人には、今でも「王貞治」の名前が連ねられている。

星野仙一の「虚像と実像」

月額5百万の監督は「フィールド外パフォーマー」

「メダル確実」と言われた北京五輪でまさかの4位。日本プロ野球は地に墜ちた。いろいろと敗因が取り沙汰されているが、責任はやはり指揮官・星野仙一にあるだろう。采配のキモは「一流の人心掌握から生まれる勢い」。後手に回ると無策となってしまうことが露呈されてしまった。

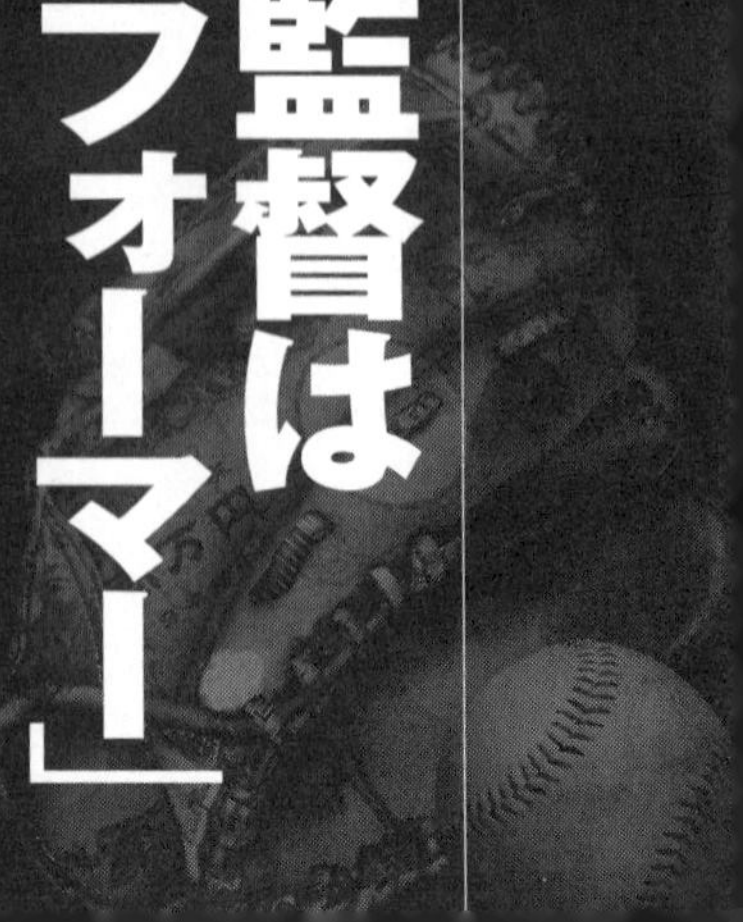

文／森田一泰

中日時代からの人心掌握術・花束

星野仙一という男の本質を表すエピソードがある。

五輪日本代表の選手たちが北京に出発する直前のことだ。日本代表監督の星野は、選手夫人全員に花を贈った。

24人の代表選手のうち、妻帯者は岩瀬仁紀、ダルビッシュ有、上原浩治、和田毅、藤川球児、杉内俊哉、阿部慎之助、矢野輝弘、荒木雅博、宮本慎也、新井貴浩、村田修一、森野将彦、G.G.佐藤の14人。

北京五輪担当記者が打ち明ける。

「花は野球のボールをかたどっていました。白い部分はカーネーション、赤い縫い目の部分は小さなバラ。その花には、星野監督の直筆で、『北京で素敵な花を咲かせます』というメッセージが添えられていました」

星野が花を贈る習慣は、中日、阪神の監督時代からのもので、彼一流の人心掌握術といっていい。星野という男は〝フィールド・マネージャー（監督）〟ではない。〝フィールド外パフォーマー〟なのである。

ダルビッシュの首脳陣不信と「ライバル企業の広告塔」

北京五輪における星野采配の最大の疑問は、準決勝の韓国戦で、なぜ日本のエース・ダルビッシュ有（日本ハム）ではなく、左腕・杉内俊哉（ソフトバンク）を先発させたかということである。

当のダルビッシュでさえ、首をひねった。

「（準決勝は）前々から準備していた。投げると聞いていたし、監督がテレビで言っているのも聞いていたので。力を出し切る自信がありました」

一次リーグ初戦のキューバ戦、ダルビッシュは先発して4回3分の0を投げ、被安打7、失点4と打ち込まれたが、一次リーグ最終戦のアメリカ戦では、先発して2回を被安打0、奪三振2、無失点と完璧に抑えていた。

担当記者が裏事情を語る。

「準決勝の韓国戦でダルビッシュを先発させなかったのは、プライベートの問題です。星野ジャパンの宿舎は、北京屈指の超高級ホテルで、日米合弁の『ホテルニューオータニ長富宮』だったんですが、ダルビッシュだけが新妻のサエコ（女優）を宿泊させ、星野監督の顰蹙を買ったんです。一方で、その話を星野監督にチクったのが、大野豊投手コーチとあって、今度はダルビッシュが首脳陣不信に陥りました」

星野とダルビッシュには、こんな話もある。

「星野監督とダルビッシュが衝突する危険性は、戦前から予想されていました。というのも、星野監督が愛用しているネックレスが『セレクション』(3990円)なのに対し、ダルビッシュが使っているネックレスが『ファイテン』(3990円)。ふたりとも、広告塔になっていますからね」

野村・落合が発した星野への皮肉

ダルビッシュに代わり、先発に起用された杉内は、3回まで0点に抑え、好投していたが、4回に1点を失うと、星野は動揺し、川上憲伸(中日)、成瀬善久(ロッテ)を次々に投入。

藤川球児(阪神)、岩瀬仁紀(中日)、上原浩治(巨人)の3人で7、8、9回を締めくくる〝勝利の方程式〟に持ち込もうとしたが、藤川が7回に1点を失い、2対2の同点。8回に岩瀬が李承燁(巨人)に2ランを浴びるなど、4点を献上。結局、2対6で韓国に完敗した。

スポーツ紙デスクが星野采配を批判する。

「星野監督は〝最善発想〟しかできない指揮官です。一次リーグ2戦目の台湾戦。7、

8、9回を〝トリプルストッパー〟で締め、6対1で勝利しました。そういう頭で描いた勝ち方しかできない監督なんです。つまり、打たれたときのことを考えて手を打つ〝最悪発想〟の指揮官ではない。野村克也監督（楽天）が、星野ジャパン惨敗後、『投手出身監督は視野が狭い』と批判したのは、そういう意味なんです」

岩瀬は日本で、李承燁に10打数4安打と打たれていた。星野には、そういうデータが頭に入っていなかったのだろうか。

中日・落合監督は、岩瀬が帰国後、27日の阪神戦で28セーブ目を挙げると、こう言い放った。

「ちゃんとした使い方をすれば、ちゃんと抑える。勝ちパターンでいく投手はそういう使い方をしないとね」

岩瀬が炎上すると、星野は我を失い、涌井秀章（西武）をリリーフに送った。涌井はプロ入り4年間で一度もリリーフ登板のない投手だった。

監督が監督なら、選手も選手であった。

「この日、2失策をおかし、A級戦犯になったG.G.佐藤は、試合終了直後こそ、目を真っ赤に腫らしていましたが、宿舎に戻ると、すぐに笑顔で外出しました」（担当記者）

悲惨な戦いで証明された「日本は2A以下」

翌日の銅メダルをかけたアメリカ戦は、準決勝の韓国戦より、もっと悲惨だった。3回表、3番・青木宣親（ヤクルト）に3ランが飛び出し、4対1とリードしたが、星野は「勝利の方程式」に持ち込めなかった。

きっかけは、またしてもG.G.佐藤。3回裏、先頭の1番バーデン（3A）の平凡なフライを落球。韓国戦につづくアメリカ戦のエラーは、佐藤が悪いというより、使った指揮官の責任であろう。

「佐藤は3年前まで、一塁手。伊東勤監督に強肩を買われ、外野へコンバートされたんです。昨年（07年）は138試合に出場し、ノーエラー。今年も96試合に出ましたが、失策はわずかに1。しかし、本職はライト。左翼の経験は2006年の5試合だけ。ですから、本人だけを責めるのは酷ですよ」（西武担当記者）

G.G.佐藤の落球で動揺した和田毅（ソフトバンク）は、四球をはさみ、一死一、二塁から、4番・ブラウン（3A）に甘いスライダーを運ばれ、左中間に3ラン。4対4の同点にされた。

5回裏、二死一塁から川上がリリーフに立ったが、これが5試合目という登板過多で、8番・ドナルド（2A）の2ランなどで4点を失い、日本は力尽きた。

日本の敗戦を、日本以上に驚いたのが、アメリカのメジャー担当日本人記者だ。

「こちらでは、北京五輪の米国チームが話題になることは皆無でした。なにしろ、スターが1人もいない。アメリカ代表選手23人の内訳は、3Aが14人、2Aが7人、1Aが1人、大学生が1人。はっきりいって、メジャーに上がる見込みのない若手か、マイナー暮らしが長いポンコツ選手しかいない。そんなチームに二度も負けたのだから、日本のレベルは2A以下ということになりますね」

結局、戦前の懸念どおりになったというべきかもしれない。

大事な場面でことごとく無策

「星野は監督として3回、日本シリーズに出場しているが、一度も日本一になっていない。日本一になったことがない監督が世界一になれるはずがない」（ベテラン記者）
1988年は森西武に1勝4敗。99年は王ダイエーに1勝4敗。03年は同じく王ダイエーに3勝4敗だった。
森祇晶・元西武監督が振り返る。
「星野中日との日本シリーズは第1戦がポイントでした。うちが4対1とリードして迎えた8回裏。中日は無死一、二塁から、1番・彦野利勝が打席に入り、私は渡辺久信から東尾修にスイッチしました。理由は、コントロールが身上の東尾に代え、相手の出方を探ることでした。3点差で、彦野はバントをするのか、あるいは右打ちの進塁打か、それともエンドランかで、星野野球の特徴が分かります。ところが、3つのいずれでもなかった。無策のまま打たせ、三塁ゴロ併殺打。そのとき、つくづく思いましたね。星野中日は勢いだけでペナントレースを制したんだとね」

1999年、王ダイエーとの日本シリーズは、今回の北京五輪とよく似ていた。第3戦は7回表に福留孝介（現・カブス）のエラーでだめ押し点を献上。その福留を、第5戦でまた使い、一死満塁のピンチの場面で、またエラー。大量6点を失い、王ダイエーの軍門に降った。

2003年、星野は阪神監督として再び王ダイエーとまみえたが、3勝2敗と王手をかけながら、第6戦、第7戦と連敗。日本一を逃した。第6戦、7回を1点に抑えられたのが杉内。第7戦、完投勝利を許したのが和田。星野が北京五輪の準決勝で杉内、3位決定戦で和田を先発させたのは、偶然でないのである。

講演料は2百万円、監督報酬5百万円

担当記者によると、ぶざまな負け方をした責任は、コーチや選手たちにもあるとい

う。

「大学同期の田淵、山本の仲良し組が足を引っぱりましたね。田淵ヘッド兼打撃コーチは、韓国に負けたとき、『打線につながりがなかった』とコメントしましたが、打線につながりを持たすのが彼の仕事じゃないですか。めずらしく具体的な指示をしたかと思うと、『高めは捨てろ、低めは打つな』というもの。球が真ん中に来なかったら、どうするんですか？」

楽天の野村監督が喝破したように、日本代表専属スコアラーの三宅博、福田功、山本重政、阪神・林光中編成部渉外担当の4人が収集したデータは「宝の持ち腐れ」になった。

星野は例によって、人心掌握術にばかり熱心だった。

「星野監督は代表チームに従事することで収入を断たれた裏方さんたちに、総額1千万円を超える給料を自腹で払っていました」（担当記者）

スポーツ紙デスクが、星野の収入を語る。

「1回の講演料は2百万円。田淵、山本と3人で出演したハウス食品のカレーCMのギャラは、ン千万円。北京五輪の報酬は、月額5百万円といわれています」

星野は先の五輪で審判に抗議をし、罰金1千ドル（約10万5千円）を命じられたが、その程度の金額は屁でもなかったのである。

日本の贅沢三昧と韓国の兵役免除

星野ジャパン惨敗の理由は、日本人選手の贅沢三昧にもあった。

「たとえば、日本人選手の食事は、ニューオータニ幕張から出向する3人の和食シェフが腕によりをかけた特別料理。テロ対策のため、ホテルには3カ所のセキュリティーチェックがあり、警備員140人の費用はJOCが負担しました。選手村以外で、こんな豪華ホテルに宿泊したのは、プロのスーパースターがひしめく米国バスケットチーム（金メダル獲得）しかいないんじゃないですか。韓国をはじめ、諸外国の選手はちゃんと選手村に泊まっていました。李承燁ですら、相部屋だったんです。収入も、日本選手に比べると、極端に少ない。平均年俸は2千万円以下。二度の日本戦に先発したキム・グアンヒョン（13回3分の1を自責点2）などは、4百万円程度です」（担当記者）

韓国は決勝進出で兵役免除されるとあって、日本戦は目の色が違った。キューバは金メダルを獲得すると、家と車が手に入るとあって、気合いが違った。アメリカでさえ、「日本に負けたらアメリカに帰れない。中国に残ろう」と選手たちが話し合っていたくらいだ。

次回のロンドン五輪に野球はないが、仮に将来復活したとしても、五輪はアマチュアに返上すべきであろう。
北京五輪を総括すると、「〇〇ジャパン」と評された種目が、すべて惨敗している。星野ジャパンのほか、反町ジャパン、植田ジャパン、柳本ジャパンなどである。唯一、「斎藤ジャパン」といわれなかった女子ソフトボールが金メダルに輝いた。選手より監督が目立つチームの脆弱さを物語っている。
〈今思うと、浮かれとったんかな。金メダルを取って、選手に腕時計を贈りたいと思っていた。国産品や。「メード・イン・ジャパン」って刻印されているヤツをね。われわれもファンも、野球そのものも「メード・イン・ジャパン」でしょ。これからもずっと。だから、象徴として頑張った選手たちに時計をプレゼントしたかったんやけど。〉（携帯サイト「星野仙一の男塾」のコラムより）
星野は最初から最後まで、〝最善発想〟の楽天家だった。

第四章

球界の非常識

第二の人生、成功のカギは「プライドを捨てられるか」

スターがスターでなくなるとき

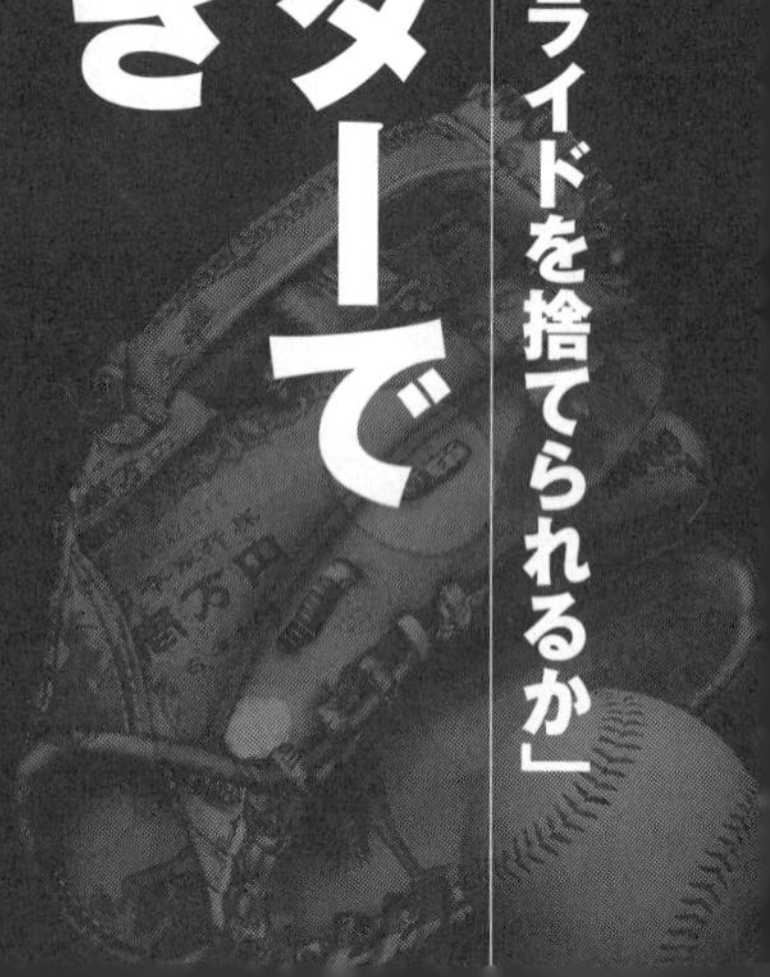

メジャー経験もある伊良部秀輝（元ロッテ・阪神ほか）が深夜、大阪のスナックで暴れて逮捕された。ロスでうどん屋を経営していたが、どうやら共同経営の友人と喧嘩して日本に帰ってきたらしい。プロ野球界を去ったのに、まだ自分がプロ野球選手と勘違いしている……いや抜けられない典型だろう。「誤ったプライド」が新たな生き方の邪魔をしているのである。

文／佐野正幸

フロント入りできるのは一般常識をもった人物

プロ野球選手になれる人は特殊中の特殊である。さらに記録や記憶に残る選手となる確率となると恐ろしく低いと言える。プロ野球選手の賞味期限は短い。40代でいまだ活躍している工藤公康（横浜）、山本昌（中日）など、これまた例外中の例外なのだ。

しかしほとんどのプロ野球選手がいつまでもこの環境が続くと勘違いしてしまっている。現実にはほとんどのプロ野球選手が、20～30代前半まででプロ野球界を去って行くこととなる。その中から監督、コーチに昇格する人もまたわずかで、グラウンドの仕事以外でもプロ野球に関連する仕事を続けられる人は幸せであり、大きく年俸が落ちるが、フロントに残れる選手は恵まれている。フロントに残るためには、ある程度一般の人と同等の常識を知らねばいけない。しかし選手は功績のある順から残してくれると勘違いする。俺より活躍しなかったあいつが何でフロントに残れて俺はクビなんだ、とこぼす選手がいるが、分かっていないのである（選手名鑑で、コーチやスコアラーなどの裏方の名前を見てみれば、意外に数字を残さず、地味だった選手が採用されているのが分かる）。さらに評論家としてマスメディアに登場するようになるためには、実績とコネと話術や文才が必要となり、さらに一部の人を除いて解説者だけで食べていく事は難しい状況であるが、それでもプロ野球に関係しているだけラッキーと言えよう。

1年に100人近くの選手が入ってくるということは、それだけ去っていくということであり、プロ野球関連の仕事に再就職できるのは2割に満たない。それもほとんど1年契約制だから、不安定な状況は毎年続くのである。つまりほとんどの「プロ野球卒業組」は第二の人生、すなわち一般人の仲間入りをするのである。

スター気質を捨て切れなかった　往年の名選手・ジャンボ仲根

筆者はプロ野球気質を捨て切れずに、若くして世を去ったあるプロ野球選手を知っている。

仲根正広……ジャンボ仲根という方が通りがいいか。1972年選抜高校野球で、投手で4番として日大桜ヶ丘高を初めて甲子園に出場させ、見事初優勝に導いたビッグスターである。この時代太田幸司（三沢→近鉄）、島本講平（箕島→南海）など今で言うイケメンスター選手が続けて登場、甲子園のスターを世間は求めていた。そんなところに身長192cmのジャンボ仲根が登場、イケメンというよりも男っぽいイメージで一世を風靡した。だがプロでは期待されたほど活躍ができず、西本幸雄監督時代に打者として少し輝きを見せただけで、最後は中日でプロ野球人生を終えている。本人いわく、古巣近鉄のフロントの話もあったらしいが、何と言っても「大スター」だった男である。地味なフロントの仕事は合わないと拒否、結局解説者をやりながら焼肉屋を名古屋で開店する道を選ぶ。

元プロ野球スターが経営する店の繁盛のカギは、まず味の良さ、その上で元スターと身近に話せる事が魅力なのであるが、味もそれほどではなく、またジャンボも人に任せて自分はオーナー然としてたまに顔を出すだけ。最初はジャンボの店と珍しがってきた客も来なくなって閉店となった。

バブルの時代になると、東京で宅配のピザ屋を開店、最初は会社の残業用で儲かったが、バブル崩壊とともに残業激減でこれまた閉店。その頃筆者と再会した。ジャンボは当時筆者が勤めていた百貨店に知り合いの社長が販売を任せてくれたという衣類を持って売り込みに来る。筆者は担当者に紹介する事を約束して来店を待ったが、これが30分遅れで現れ、しかも前日にんにくでも食べたのか口臭がきつかったのだ。少なくとも販売場所を世話してもらいに訪れる態度ではなかった。

身長が高く目立つから、本人が周囲を意識してキョロキョロとはしているのであるが、周囲にはあれがジャンボだとささやき合う人はほとんどいなかったのが寂しかった。これはその後あちこちの場所で見受けられる状況となる。

「自分はスターだ」プライドと相反する引退後の状況

さて肝心の商品売込みで、彼が訳知り顔で説明した採算の計算は、すべて定価で売り切れるという事を前提としての実に稚拙な甘い見通しで、こちらは何度も教えたのだがあまり聞く耳を持たなかったようだ。とにかく見本を送るようにとその場は終わった。

後日ジャンボから飲食の誘いがあった。てっきり御礼のつもりだと思って、担当と出かけて行くと、自分で払う気は毛頭ないようで、タクシー代さえこちらに払わせようとする。要するに自分が付き合うことが、相手に対する敬意……すなわちプロ野球のスターとして、自分の顔を商売にしている頃の考え方がまだ通用すると思っていたようだ。たしかにスター時代はあちこちに引っ張り出され、相手に喜ばれただろう。しかし今は事情が違う。むしろこちらがジャンボのためにやっている。筆者が仲根の感覚に気づいたのは後日であり、この時は不思議でならなかったものである。

タクシー代をやんわりと拒否すると、彼は雨の中を傘もささず、挨拶もそこそこに夜の街に消えていった。それから彼の連絡はぷっつりとなくなった。

その10ヶ月後、ジャンボ仲根は41歳という若すぎる年齢で癌でこの世を去った。彼が亡くなってから、彼の心にはいつでも「自分はスターだ」というプライドがあったということに気づいた。自分と知り合うことこそ相手の誇りになるということを、プロ野球選手でなくなったあともいつまでも抱いていたのであろう。一時は時の総理大臣まで会いたいと熱望した男である。いつまでもそんな状況が続くと思ったのだろうか。要するに筆者は彼のプライドを大きく傷つけてしまっていたわけである。

しかしそれは一般社会に通る理屈ではないのは明白でもあった。夏の甲子園さながら、セミがうるさく鳴いていた猛暑の日の告別式は切なかった。

プロ野球選手が泥酔する理由

プロ野球選手になれる人は、たいてい中学時代からスカウトに目をつけられている。学友が進学や就職で悩んでいる時、すでに引く手あまた。特に地方では地元の名士が擦り寄ってくることも少なくないし、同年代ではとても口に入れられない食べ物も振舞われる。知らず知らずのうちに、いつの間にか「上から目線」となってしまう。投げる、打つ、走る……このトレーニングさえしていれば、あとは周囲がすべてやってくれる環境におかれる。

プロ野球に入れば、選手より多い数のフロントが何でも世話をしてくれる。ちょっと活躍すればマスメディアに囲まれる。マスコミ人は名のある大学を出て、狭き門を突破して入っている人が多い。にもかかわらず虫けら同然に扱うプロ野球選手も多い。前述の伊良部などそのものズバリ「お前らは虫けらだ」などと公然と言い放って毛嫌いしたし、その他にも「あいつ新聞記者上がりだ」などと侮蔑を匂わせる発言をする選手も多いのだ。だがその選手らが引退の時期を迎えると、マスメディアで働くということがどれだけ日本で評価されているかということに気づくのである。この辺も一般人と感覚を異にしている。

名古屋の享栄高時代11打席連続出塁などと甲子園で大活躍した藤王康晴（元中日・日本ハム）は、後の松井秀喜以上に大物になると期待されていたが、83年中日入団後は目立った活躍は出来なかった。久しぶりに新聞をにぎわしたのが、スナックでやくざともめたこと。日本ハムを退団して宅配便会社勤務と言われていたが、03年にコンビニで店員に暴行したとのニュースが流れる。いつの間にか実家の会社の手伝いと報じられていた。

実は伊良部や藤王など元選手が酩酊などで暴行するという裏には「この俺が誰か分かっているのか」という悲しいプライドが存在する。つまりプロ野球人が第二の人生をいかに平穏に過ごせるかの第一のポイントは、プライドを捨てられるかということであると言ってもよい。

「いらっしゃいませ」もない……明暗分ける飲食店経営

もう20年ほど前になるが、西武で左のサイドスローを武器にワンポイントで活躍した小田真也が、退団後練馬にお好み焼き屋を開いたということで知人と行った事がある。小田は懸命にお好み焼きを焼いていたが、入ってきた我々を見てもただ笑うだけで「いらっしゃいませ」もない。本人は悪気はないのだが、武家の商法を地で行く有様に、行く末これでやっていけるのかと心配していたら、やはりいつの間にか閉めてしまった。

中谷忠己（元阪神・近鉄など）は大阪・船場で『なかたに』という居酒屋をやっている。最初はやはり「いらっしゃいませ」も言えず、調理も野菜を切るだけで、ほとんど奥さんが奮闘。当初は不安感も漂わせたが、奥さんがしっかりしていたこともあり、中谷もいつの間にか接客にも慣れ、夫婦力を合わせて店を成功させた。

同じ近鉄にいた池上誠一は、神戸で焼鳥屋を開店したが、こちらは奥さんとの間がうまくいかなく、あえなく早々に閉店している。

V9時代の巨人で中堅投手として活躍した横山忠夫は、東京・池袋で『立山』というどん屋さんを開いて成功しているが、元キャビンアテンダントの奥さんが、野球関係に知ったかぶりをする客に腹を立てがちな夫を見事フォローして、繁栄に導いている。

明暗を互い違いに挙げたが、飲食店の場合、まずプライドを捨てて商売人にいかに徹せられるか、そしてそんなプライドが出がちな夫をいかに奥さんが助けるかにかかっている。酔客を相手にするわけだから、口や意地が悪い客も少なくない。現役時代の失敗をあげつらう客も多いのである。そこをグッと我慢して、商売に徹するのは並大抵の精神力では耐えられない。先述のように選手によっては、目の前の客よりはるかに偉い人が頭を下げて擦り寄ってきて、いろいろとご馳走などしてくれた経験を持っている。なまじっかプロ野球界に名を残していると、ついその時代の感覚で客と接してしまうこともままあるのである。むしろまったく活躍しないで退団した方が第二の人生を未練なくやれるだけ幸せだというのは、プライドが邪魔しないからであろう。

成功者の少ないタレント転身組

今の選手はまさに総タレント、しゃべるのもうまくなっている。芸人顔負けのパフォーマンスを見せるプロ野球選手も多い。だが間違ってはいけないのは、ベースがプロ野球現役選手だからこそウケるのである。ユニフォームに魅力があるのだ。これが「本職」となったら当然見方は変わってくる。華のある球界の千両役者だった新庄剛志（元阪神、日本ハムなど）も例外でなかった。2年前の引退時には、完全にプロ野球界から決別を宣言、タレント転進を決意したのだが、その後オファーが激減。最近久々にバラエティー番組に出演した新庄を見たが、かつての「華」は消えていた。そうなるとたいした芸のない彼の事、これからは苦しいタレント生活になるだろう。今まで応援していた人が次々と離れていく。プロ野球選手がプロ野球選手でなくなった時、失うのは高額な年俸だけではないのである。

プロ野球選手のタレント転身は数多いが、成功しているのは板東英二（元中日）だけと言っても過言ではない。その板東にしてもたまに解説者の仕事を売り込んでいるようで、プロ野球との接点を保っている。あとはパンチ佐藤（元オリックス）、ギャオス内藤（元ヤクルト、ロッテ）が続くくらいか。タレント的だった元参議院議員・江本孟紀（元南海、阪神ほか）も、今は野球解説の仕事に戻っている。パンチが雑誌で語っているには「オリックス所属で出た時と、引退してタレントで出た時では、周りの芸人さんの態度がガラッと変わった」。つまりプロ野球選手に限らず、スポーツ界からバラエティーのゲストに出た時は周囲が守り立てようとかばってくれる。だが「本職がタレント」になったらライバルとなるわけだからつぶしにかかられるという。引退したのに前のような気持で番組に出ていたら、その道のプロの洗礼に遭う。

「仕事変えたと言われたくない」プライドを捨てた甲子園優勝投手

保険会社や不動産屋といったサラリーマンになる選手も、経歴にかかわらず年齢が上の人は先輩になるというプロ球界の特性が、一般社会に通じると思って失敗した例も多い。また人に頼めば何とかしてくれると信じ込んで会社勤めを始め、結局会社を転々という人も珍しくない。

とにかく金銭感覚も違うから、最初は駅が近いのにもかかわらずすぐタクシーに乗ったり、ランチに平気で五千円くらい払ったりするといったこともよくある話なのである。

テレビでも元選手の今を特集する事がある。先だって土屋正勝（元中日・ロッテ、74年夏の甲子園優勝投手）が、故郷の千葉県銚子で保険事務所を営んでいる様子を放送していた。

当時細身だった土屋が今は太った中年に変わっていたが、顔はすっかり保険事務所経営者になっていたのは微笑ましかった。銚子商業の優勝投手からプロ野球という華やかな道を歩いてきた彼は、最初は御多分に漏れずプライドと特性に苦しめられたらしい。

コメントで「たまに取材されるあの人は今企画で、またあいつは仕事変えたと言われるのがいやで、20年やってます」という言葉には感激した。これぞプロ野球の第二の人生組にふさわしい金言であると思う。

自殺騒動から言い間違いまで～スター選手の浮世離れ～

プロ野球〝非常識〟列伝

愛人との不倫現場をフォーカスされて自殺しようとしたり、
下戸にもかかわらず一晩で数百万円を浪費したり。
プロ野球の世界に生きる男たちの〝浮世離れ〟は相当なものだ。
一般人が首を捻りたくなるようなものから、
ちょっと笑える言い間違いまで、プロ野球選手の非常識ぶりを一挙公開！

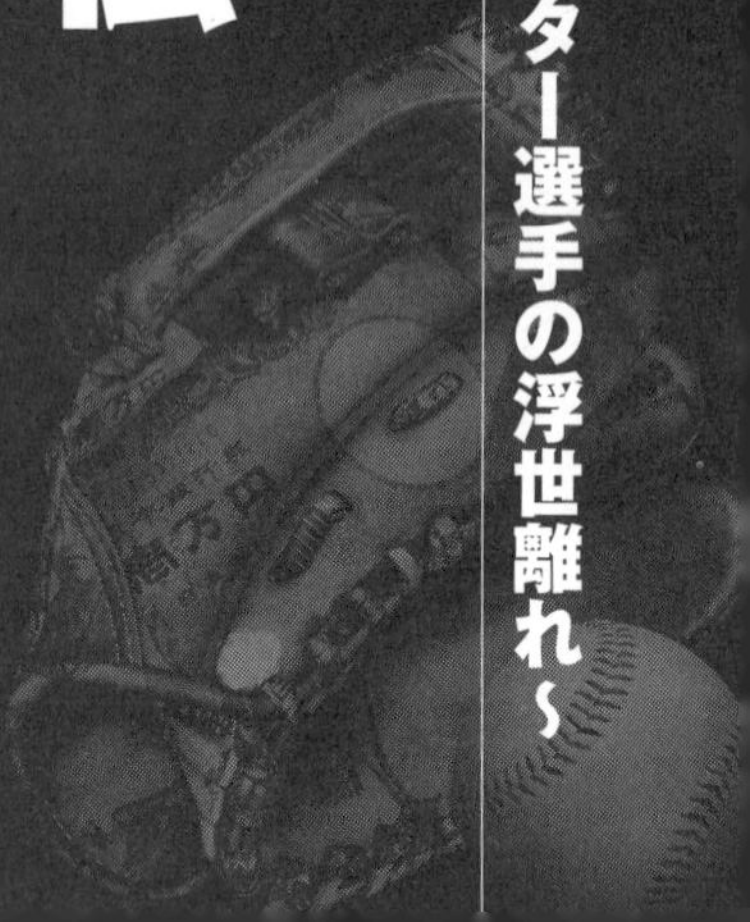

文／織田淳太郎

08年、プロ野球場外戦で最も立場を失ったのが、山本モナとの不倫騒動を巻き起こした巨人の二岡智宏（現・日本ハム）。妻子あるその二岡が、家庭でいかに針の筵に座らされてきたか。妻に浮気がバレた世の男性諸氏と同じく、そこにあるのは「忍の一字」のみだろう。が、常に甘い誘惑に晒されるプロ野球選手。中には再三の浮気発覚で「忍の一字」さえ許されず、妻からの三行半を戦々恐々と待つ者も少なくない。

そんな恐妻家選手がスキャンダル報道の生け贄になったとき、ときとしてどんな行動に走るのか。

マンションから飛び降り⁉　不倫現場を撮られた盗塁王

週刊誌記者時代のある夜、私（筆者）はカメラマンと共に都内のマンションの前に張り付いていた。セ・リーグの盗塁王だったTの不倫現場を直撃するためである。ところが、愛人とマンションを出てきたところを激写すると、Tが顔面蒼白のまま飛びかかってきた。

「そのフィルム、返せ！」

突如始まった揉み合い。それは、「深夜の追跡劇」への序章だった。

Tを振り切ったカメラマンがカメラを抱えたまま自分の車で逃げ去ると、愛人はどこかに消え、現場に残されたのはTと私の2人だけになった。と……、Tの体がワナワナと震え始めた。

「もう、俺はダメだ……」

「はあ?」

「……死ぬしかない」

そのままTがヨロヨロと走り出した。私も後を追ったが、やがてTがビルの外階段を上り始めた。私が仰天したのは、最上階の踊り場の鉄柵にTが足をかけ、今まさに飛び降りようとしていることだった。

「バカなことはやめろ!」

慌てて彼の体に抱きついた。

「死なせろ!」

「記事は書かない。写真も載せないようにする。だから、やめてくれ」

「マスコミなんて信用できない。この前の浮気がバレたときも、家庭は大変だったんだ。その上こんなものを出されたら、本当に離婚されてしまう。……もう生きていけない」

スキャンダル報道を阻止、その晩に豪快な一発！

その後、階段を降りたTは再び路上を走り出すと、何度もビルやマンションの階段を駆け上がり、欄干から飛び降りようとした。そのたびに、私も必死の阻止を試みた。今でもゾッとするのは、私が手を離すと、Tの転落も避けられないという状況が、何度かあったことである。それどころか、縺れあったまま私まで転落の巻き添えを食らう危険性もあった。

結局、私たちは朝方までこのバトルを繰り返した。二人とも汗まみれだった。最後はJRの鉄橋の上で力なく揉み合っていたが、その頃の二人がすっかり体力を消耗していたことは言うまでもない。

「分かった。君の言うことを信じるよ」

Tが口にしたとき、長いバトルはようやく終わった。もちろん、記事は掲載されなかったが、私に「Tの自殺は演技に決まってる。お前、騙されたんだよ」という一部先輩記者からの嘲笑が飛んだのも事実だった。

それにしても、文字通り「命を賭けて」自分のスキャンダル報道を阻止したこのT。あるいは、その非常識で突飛な突貫精神こそが、彼のプロ根性を養う土壌になっていたのかもしれない。

徹夜のバトルを経て、不眠のまま臨んだこの日のデーゲーム、Tは何事もなかったかのように、ヤクルトとの一戦で豪快な一発をスタンドに叩き込んでいる。

焼き鳥3本3万円、年俸と同額のベンツ購入

常識がない——と言えば、彼らの金銭感覚にも私たち一般人のそれと大きくかけ離れたものがある。引退後も続いた浪費が祟り、強盗殺人事件（2004年）を起こした元ロッテの小川博のケースは論外として、彼らの多くに一種の金銭的な麻痺があるのは否定しようもない。

阪神時代の江夏豊は、自身下戸であるにもかかわらず、高級クラブで一夜にして百万円を浪費した経験がある。しかも、帰ろうとすると、「タクシー代がなかった」という有り様。当時の百万円は一般サラリーマンの年収以上の大金である。江夏の豪快ぶりを表すエピソードだが、かの長嶋茂雄も金に関しては頓着がない。ある夜、田園調布の焼鳥屋に入った下戸の彼は、焼鳥3本分の代金として、3万円を置いていったという話もある。

阪神、メッツ、日ハムなど日米数球団を渡り歩いた新庄剛志は、母校の西日本短大付属高に700万円相当のマイクロバスをプレゼントするなど、気前の良いプロ野

球選手として知られていた。が、どこか間が抜けていた。

年俸が2200万円に大幅アップしたプロ4年目、新庄はかねてから欲しかったベンツを買った。その額、2千万円。「残りの2百万円は生活費に」と予定していたが、彼の頭からは肝心のことが抜け落ちていた。

税金である。個人事業主でもあるプロ選手は、収入の中から自ら税金を納めなければならない。このため、生活費にも事欠くようになった新庄は、親戚の援助を受けてこのプロ4年目を乗り切っている。

上野から秋田までタクシー、契約金で借金返済

一方、プロ野球選手の場合、金銭感覚の麻痺に、アルコール絡みが多いのも事実。かつて、国鉄（ヤクルト）に〝酒仙投手〟の異名をとった石戸四六というエースがいた。

秋田商業から入団した62年、まだ18歳だった彼が初めて上京したとき、いったい何をやらかしたのか。受け取ったばかりの契約金を一晩で飲みつぶしただけではない。上野駅でタクシーに乗り込むと、こう言って運転手を仰天させている。

「秋田までやってくれ」

近鉄と日本ハムでいぶし銀の活躍を見せた永淵洋三は、「借金苦」がなければ単なる「酒好きな人」で終わっていたかもしれない。彼は水島新司の人気劇画『あぶさん』のモデルになった酒豪である。といっても、元々プロ入りの志向はなかった。

社会人の東芝時代、永淵は毎夜に渡って浴びるほど酒を飲んだが、気がつくと、飲み屋に20万円もの借金を作っていた。当時の20万は大金である。3万5千円の安月給では返済も遅々として進まず、頭を抱えた彼はある日、プロ球界にコネのある先輩に相談を持ちかけた。

「どこでもいいんですが、僕を獲ってくれる球団を探してくれませんか?」

「お前もようやくその気になってくれたか。プロで力を試したいんだな」

「いいえ、契約金で借金を返済したいんです」

67年、永淵は近鉄の2位指名を受けると、その契約金で晴れて借金を完済した。

8年に渡るプロ通算成績は、2割7分8厘、109本塁打、409打点。69年には首位打者を獲得し、オールスターにも3回出場したが、永淵が打席に入ったときは、辺り一面に酒の匂いがプンプン漂っていたという。

火事の現場に駆けつけた〝本当の火消し役〟

組合のストライキは別として、勤労者が最もやってはいけない行為が、職場放棄である。特に集客に支えられるプロ球界にとって、これは死活問題に発展する「罪深い」行為だろう。

話は少々古くなるが、2リーグ分裂前の46年9月27日。西宮球場で行われる予定だった金星VSセネタースで、セネタースナインが試合前になっても姿を現さないという事態があった。焦った金星関係者がセネタースの宿舎に電話を入れると、マネージャーが対応に出た。

「あれ？　まだ宿舎にいるんですか？」

「だって、雨で中止でしょう？」

「何言ってるんですか！　晴れてますよ」

この日、セネタースの宿舎周辺は、朝からの大雨だった。この時点で関係者は頭から雨天中止を決め込み、ナインは自由時間を満喫すべく、三々五々外に出た。ところが、不思議にも宿舎からさほど離れていない西宮球場の上空は、晴れ上がっていたのである。

今のように携帯電話などない時代。マネージャーの必死の選手捜索も徒労に終わり、ファンのブーイングの中、審判団はセネタースの放棄試合によるゲームセットを宣言した。日本初の放棄試合の成立である。

が、これは早とちりが原因。選手に悪気があったわけではない。

海の向こうメジャーでは、とんでもない「悪童」が、かつて存在した。1900年代の初め、パイレーツ、カブスなど4球団を渡り歩いた左腕投手のループ・ワッデルである。

5年連続の奪三振王を獲得するなど速球派として慣らした彼は、しかし、無断試合放棄の常習犯でもあった。登板予定のベンチから突如姿を消したことは数限りない。

まだ、新人の頃だった。1回表、パイレーツが守備につくと、肝心要の先発ワッデルがマウンドにいない。

「すぐに代わりのピッチャーを用意しないと、試合放棄で負けにするぞ」

球審の警告で、パイレーツのクラーク監督は、慌てて控え選手数人にワッデルの行方を探させた。が、球場内のどこを探しても発見できず、彼らは「……まさか」と思いつつ、球場の外の捜索にも当たった。

道端を見て、捜索隊は目を丸くした。数人の子供たちに交じって、ワッデルがビー玉遊びに熱中していたのである。しかも、ワッデルは悪びれもせず、

「こっちのゲームが終わるまで、試合開始を引き延ばすよう監督に伝えておいてくれ

ないか」。

ワッデルの無責任ぶりは、これだけで終わらない。アスレチックス時代のある日、またもや彼がベンチから消えた。が、その頃はこの悪童の行動パターンも、ある程度の予測がつくようになっていた。

「あいつは火事が好きだ」。マック監督が捜索隊に指示した。「ちょうど近くで火事が発生している。奴はその野次馬の群れにいるに違いない」。

捜索隊はさっそく火事現場に走った。野次馬の中にワッデルはいなかったが、やがて一人が燃え盛るビルの窓を指を指して叫んだ。

「あんなところにいるぞ！」

消防士の格好をしたワッデルだった。

カムスのペケマル？

もちろんすべてではないが、プロ野球選手の特徴の一つに、いわゆる「一般常識の欠如」がある。野球漬けで過ごした学生時代。勉学に勤しむ余裕などない。

立大時代の長嶋茂雄は、『経済原論』の論文試験ですっかり頭を抱えたことがある。

「とにかく何か書かなくては」と、ようやくできあがった論文が――、

た。

『今シーズンを振り返って』。

このトンチンカンな論文に単位を与えた教授も、輪をかけて常識のない輩である。

阪神の代打の切り札だった川藤幸三は、海外の免税店である洋酒を指さして言った。

「そのカムスのペケマルちゅうのをくれや」

彼の指の先には『CAMUS XO』があった。その海外への機内、「みなさま、ただいま日付変更線を通過しました」のアナウンスで、シートから跳ね起きた川藤。窓の下を覗き込みながら、

「どこにあるんじゃ？　その日付変更線ちゅうのは」。

また、ある大物選手が海外に赴いたときの話。電話交換手に自宅へのコレクトコールを申し込むつもりでこう口にした。

「コレステロール、プリーズ」

中日にいた川又米利は、高校時代の英語の授業で、教師にこんな質問をされている。

「アンハッピーの反対語を答えてみろ」

川又が首を捻っていると、近くのクラスメイトが小声で、「アンとる。アンとる」。

「分かりました」と、川又が教師に答えた単語はこうだった。

「アントルです」

春季キャンプ終了の「三本締め」の音頭とりを任された、ある首位打者の第一声は、

「さあ、三段締めといきましょう！」

プロ野球選手が見せる非常識な言動には枚挙にいとまがない。以上紹介したのは、そのほんの一部だが、最後にちょっと信じられないエピソードを一つ。

その大物選手の名は「徳広」という。

彼は物心ついた頃から「とくひろ」と呼ばれてきた。本人が自分の名前を「とくひろ」と思い込んでいたのも、ある意味で無理からぬ話である。実際、プロ入り当初の彼のプロフィールを見ると、名前の振り仮名には「とくひろ」とある。

ところが、これが違った。本人も無頓着なら、親もそれに輪をかけて無頓着だったのかもしれない。

プロで活躍中のある日、彼は婚姻のため自分の戸籍を取り寄せた。そこには、こう書かれていた。

「のりひろ」

「プロ野球人気低下」は「ジャイアンツの凋落」

巨人の驕り、野球ファンとの温度差

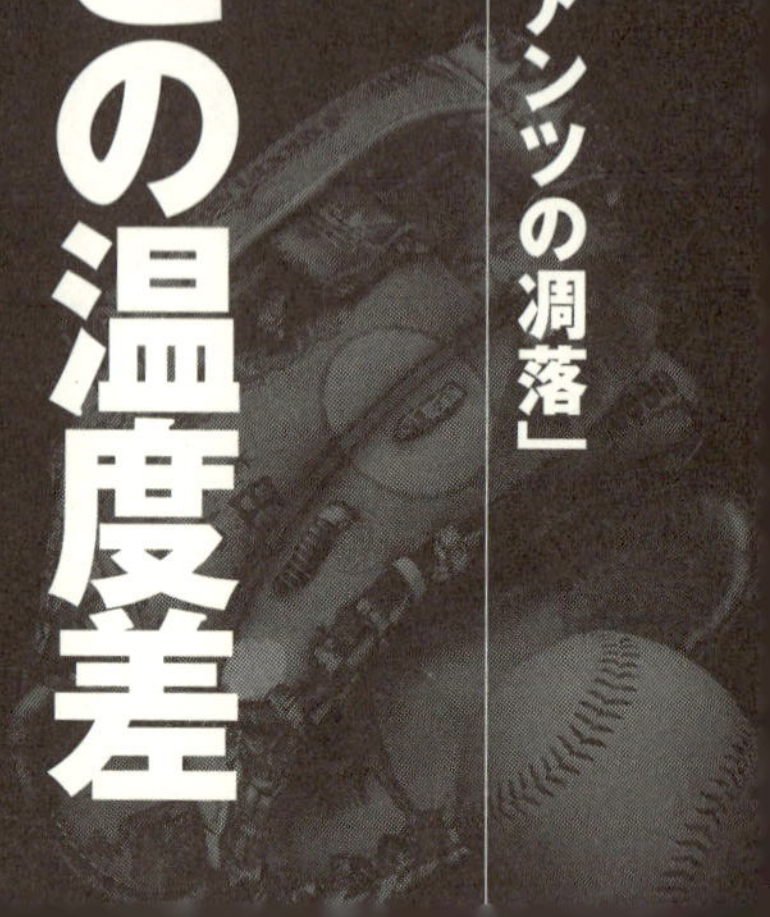

プロ野球人気の低下が叫ばれて久しいが、パ・リーグの試合を見ていると、昔とは比べ物にならないほど観客が入っている。そこにあるのは「巨人の凋落」。あの、腹が立つほど強かったかつての栄光はどこへ行ってしまったのだろうか。

文／佐野正幸

巨人一辺倒だったかつての札幌

２００８年7月16日水曜日、テレビでナイター観戦していた筆者は画面に信じられないものを見てしまった。右翼側外野席に空席が目立つのである。「ががら」という表現にしてもおかしくない有様なのだ。球場は札幌ドーム、カードは巨人対中日戦。巨人応援席に客が入っていないのである。最初は応援団が無謀な席の取り方をしているのかとも疑った。しかし何度も映されるそれらの空席は、悪辣な席取りとしてはあまりにもダイナミック。どう考えても客の入りが悪いとしか思えない。

巨人は今でも全国区だが、札幌の巨人ファンは少々異常だった。とにかく他の11球団は眼に入らないのである。特にパ・リーグに対しての無関心は噴飯ものだった。「テレビが巨人戦しかやらないからね。東京と違っていつもプロ野球を見られないし……」

かつて札幌の人はこう言っていた。とはいえ、札幌ドームの前に常打ち球場だった札幌円山球場では、夏の涼しさを狙って巨人以外の11球団すべてが集結する事も珍しくはなかった。日本ハムが巨人と同居していた後楽園球場～東京ドームでも2チームの対戦試合が見られたが、札幌ではどのカードも見られた。

しかし地元の野球好きは、意外にこの事実を意識していなかった。とにかく巨人しか眼に入らない。

しかも巨人は、札幌なら何をやっても入ると思ったのか、平日にデーゲーム（円山はナイター設備がなかった）を挙行する。にもかかわらず、毎年の巨人北海道シリーズは超満員、春からプラチナチケットの様相を示していたのである。

日本ハムの定着で崩れた巨人信奉

昭和の時代ならいざ知らず、平成に入ってファンが各球団に分化してきても、イチローのオリックス、新人の年の西武の松坂大輔が来札しても空席が目立ったまま。他地域がこの二人のおかげでチケットの取り合いになっている時代に、札幌人はまだ巨人信奉を続けていた。２００１年に札幌ドームが開場した際のこけら落としの試合も巨人戦。しかも3連戦とも平日の14時開始だった。札幌ドーム開設当時はまだまだ巨人が優位。公称4万3千人収容のスタンドを満員にするのはやはり巨人しかないと思われていた。道民栄誉賞を持つ若松勉監督率いるヤクルトがホームゲームを行っても公称3万人が精一杯、やはり巨人は札幌では別物だったのである。

それだけに日本ハムが札幌に本拠地移転を発表した03年には、「やっぱり巨人じゃなきゃだめさぁ」と地元の反応は今ひとつだった。

だが、巨人ファンのおじさんたちを尻目に、ONを知らない若者と女性たちが日本ハムを応援し出した。札幌の市民性とは対極的な新庄剛志のパフォーマンスや、優勝争いに食い込む球団となった日本ハムの人気は沸騰。ついに44年ぶりの日本一まで勝ち取り、史上初の北海道でのプレーオフや日本シリーズは、札幌市民、北海道民を熱狂させたのである。日本ハムと巨人のオープン戦も、当初は4対6で巨人戦が多かったが、今は完全に逆転している。

日本ハムが札幌に根付くに連れ、巨人の価値が札幌でだんだん薄れてきた。プラチナチケットは、日本ハムの重要なゲームに使われる言葉となり、巨人の北海道シリーズはさほど話題にならなくなった。6月頃、筆者のところに必ずかかってきた「巨人のチケット、何とかならないか」という電話は、いつの間にか途絶えている。今や札幌で巨人ファンを見つけるのが困難になってきたのだから時の流れは怖い。

地元密着のファンと巨人の威光を信じる関係者

だが、まだまだ腐っても巨人だ。札幌ドームでの巨人戦は、少なくとも巨人サイドの一塁側から右翼席にかけては満員だろうと思い込んでいたのだが、さにあらず。巨人が不調ならともかく（円山のときは順位に関係なく満員になった）、好位をキープしているのにもかかわらずのこの現象は、関係者が危機感を抱くのに充分なはずである。ちなみにその7月16日のゲーム、観客の公式発表は3万2399人。通常の日本ハム戦でも珍しくない数字に留まった。

8月6日、巨人恒例の北陸シリーズ・金沢でも似たような現象が見られた。観客発表は1万2726人。金沢では、2ヶ月半前の5月14日、阪神主催で広島と戦っている。ところがこの試合、主催者が外野自由席のチケットの販売数の見込みを間違って、入場できない客が千人以上出た。当然おおもめになり、主催者が平謝りしたというトラブルが起きている。この時の観客は1万3615人。阪神人気で大盛り上がりだった。

実数発表になって、巨人は観客動員で阪神に負けている。地方球場においてはまだまだ巨人の威光は強いだろうと思っていたのだが、この二つの事例を見てもすでにそれすら危うくなっていることが分かる。

2004年に社会現象ともなった球界再編成騒動において、パ・リーグはまさに災い転じて福、フランチャイズ制の理想とも言える北から南の、各地方に満遍なく分散するという理想形態となった。札幌、仙台、千葉において、地元と密着しての宣伝活動を展開したため、全国区の巨人より地元のチームを応援するといった傾向が出始めた。

だが巨人関係者はまったくこの傾向を意識していなかった。いや今もまだ巨人の威光を信じて、認めていない部分が見受けられるのである。

空席がまとまってしまう理由

川上哲治監督での昭和40年代のV9達成時は、巨人以外はみんなヒール、劇画や小説もほとんどが巨人を善玉として描いていた。巨人ファンでなければプロ野球ファンにあらずという風潮は、もはや50歳以上のものだろう。だからトレードなどを多少強引にしても、世の中が許す傾向にあった。50歳以上の巨人ファンには、いまだにドラフト反対論者が少なくない。それでも巨人は政治力のあるドン・渡邊恒雄、通称ナベツネオーナー（現・球団会長）に率いられ、逆指名を認めるドラフト制度改革（改悪？）や、潤沢な金にものを言わせ、「最後は巨人でやりたい」という選手の弱いところをつき、FA制度を利用して他チームの主力選手を次々と獲得。これでは、せっかく大物選手を獲得しても、金の卵はよみうりランドのグラウンドに埋もれたままになる。若手が育つ土壌が少ないのだ。

世間もだんだんと、そんな巨人の凋落に反応し出した。一番早かったのがテレビだろう。「夏はビールと枝豆で、テレビで巨人戦を観戦する」というお父さんが、世代の交代とともにまさに後退。CSテレビの普及とともに他球団のファンが激増、巨人の威光は消えていく。今や巨人戦を地上波で放送するほうが珍しくなった。加えて試合の打ち切りを非難する声もなくなった。しかも視聴率が10%を切ることもあるのだから、かつての栄光は見る影もない。

観客実数発表前、東京ドームの巨人戦は満員の5万6千人というのが定番だった。だが今は明らかに空席が目立つ。かつてはプラチナペーパーだったのに当日券があることも珍しくなくなった。また転売目的に、ネットや金券ショップで高値をつけても、試合直前にもかかわらず売れ残っていることが多く、これがまとまって席が空いてしまう理由となっている。

プロ野球機構職員を退職に追い込む

こうしたことを考えると、プロ野球人気の凋落は、本当は巨人1球団に限ってのものではないだろうか。札幌、仙台、所沢、千葉、福岡と、パ・リーグの球場はいずれも観客が増えている。それでもプロ野球＝巨人という意識が一般社会に存在する。

本当の問題はこの図式が、プロ野球機構の中にも根強くあることなのである。NPBでも、いまだ「なんだかんだ言っても巨人だ」と考える人は少なくない。また前述のとおり、ＦＡなどで巨人に行くのを望む選手がかなり存在することも事実である。そう、いまだ巨人幻想を持っている選手は多いのだ。監督、コーチなどの管理職、さらにはプロ野球出身の評論家まで、いまだ巨人ブランドは根強いのが実態である。最後の1年は巨人でやりたい、一度でも巨人に所属すれば、引退して飲み屋でも始めた時に「元巨人」とうたえる……そんな憧れを持っているプロ野球人はまだまだいる。

巨人関係者もプロ野球は自分のものだと勘違いしている。04年の球界再編騒動の時のナベツネオーナーが発した「一リーグにしなければ巨人は機構を出て別リーグを作る」発言はそれを如実に表している。この発言は78年秋の江川問題の時も、当時の正力亭オーナーから発せられている。「巨人がなくなれば他球団は窮するから、巨人の言うことを聞くはず」という傲った考えがいまだ通ると信じ込んでいるのだ。たしかに球界の盟主だった時期は長かったが、若い世代は誰もそんな事を思っていない。

巨人は日本プロ野球機構も下に見ており、球団上層部が、意見具申したプロ野球機構職員を退職に追い込むような行動を取ったという情報もある。機構の下に球団があるのは当たり前だが、巨人の意識は「巨人の下に機構」なのだ。

ファンの声に耳を傾けよう

戦前の巨人創設や戦後のプロ野球発展期での巨人の在り方は一目置くものがある。だがそれはその時代の人たちが築いたことであり、今の役員はその遺産を引き継いでいるだけの話だろう。親が培った巨人の栄光をかさにきて、時代や状況が変わったのにもかかわらず、いまだ金と名声を元に横紙破りを繰り返しているのが巨人の今の姿なのである。

ナベツネ氏が聡明な人であることは間違いないのに、どうして今まで述べてきた「具体的な」事実を謙虚に受けないのか、実に不思議である。そして力のあるオーナーがいるばかりに、ファンの声を無視して誤った方向に突っ走る巨人のフロントが不思議に思えてならないのは筆者だけではないだろう。

プロ野球のファンは本来熱いモノである。たとえ連日負け続けても、ファンなんてやめてやると言いながらも、それでも球場に通い続けるのが当たり前だと筆者は思ってきた。だが「もう巨人のファンはやめました」と平気でのたまうのが大方の巨人ファンの特徴である。今こそ応援してやらなくてどうするのか。みんなで球場に行こう、テレビを見ようと呼びかけるのが、巨人ファンを自称する人たちの本当の姿ではないか。

プロ野球関係者よ、プロ野球機構の外で何が起こっているかをもっともっと分析し、なんでも巨人中心、巨人の幻と化している威光に頼るのをいい加減にやめたらどうか。そうすれば、地域密着化が進んだプロ野球はまだまだ発展するはずだ。

1998～2007年の巨人観客動員数

年	合計	試合数	1試合平均
1998	3634000人	135	53441人
1999	3645000人	135	53602人
2000	3604000人	135	53000人
2001	3761500人	140	53735人
2002	3783500人	140	54050人
2003	3763000人	140	53757人
2004	3744500人	138	53492人
2005	2922093人	146	40028人
2006	2892695人	146	39625人
2007	2911358人	144	40436人

※05年より実数発表。04年はストライキで2試合中止

2007年の球団別観客動員数

球団	合計	1試合平均
阪神	3144180人	43669人
巨人	2911358人	40436人
中日	2390532人	33202人
ヤクルト	1333231人	18517人
横浜	1231997人	17111人
広島	1129061人	15681人
計	12140359人	28102人

球団	合計	1試合平均
ソフトバンク	2307160人	32044人
日本ハム	1833054人	25459人
ロッテ	1558430人	21645人
オリックス	1137186人	15794人
楽天	1117369人	15519人
西武	1093471人	15187人
計	9046670人	20941人

著者紹介（五十音順）

稲垣 翼
［いながき・つばさ］

小川隆行
［おがわ・たかゆき］

織田淳太郎
［おだ・じゅんたろう］

佐野正幸
［さの・まさゆき］

高崎外志春
［たかさき・としはる］

豊島純彦
［とよしま・すみひこ］

永谷 脩
［ながたに・おさむ］

中村素至
［なかむら・もとし］

夏原 武
［なつはら・たけし］

場野守泰
［ばの・もりやす］

松下茂典
［まつした・しげのり］

美山和也
［みやま・かずや］

森田一泰
［もりた・かずやす］

本書は2008年11月に小社より刊行した
別冊宝島1565 『プロ野球「カネとタブー」』を
改訂して、文庫化したものです。

宝島
SUGOI
文庫

プロ野球「カネとタブー」(ぷろやきゅう「かねとたぶー」)

2009年7月18日　第1刷発行

編　者　別冊宝島編集部
発行人　蓮見清一
発行所　株式会社　宝島社
〒102-8388　東京都千代田区一番町25番地
電話：営業03(3234)4621／編集03(3239)5746
http://tkj.jp
振替：00170-1-170829（株）宝島社
印刷・製本　中央精版印刷株式会社

First published 2008 by Takarajimasha,Inc.
ISBN 978-4-7966-7243-6

太平洋戦争秘録
勇壮！　日本陸軍指揮官列伝
別冊宝島編集部 編

最新の戦史研究と奇想を駆使して、陸軍将校52人のドラマを完全再現。歴史的大罪を犯した者、敵将すらも感服せしめた者など、昭和史の影に眠る物語が今、甦る！

新装版　洗脳体験
二澤雅喜　島田裕巳

「自己開発セミナー」という、このとらえどころのないものの正体はいったい何なのか？　著者自らが「自己開発セミナー」に潜入、極秘取材した。そこで目撃された「洗脳」の光景とは――!?

新装版　戦後死刑囚列伝
村野薫

「裁判員制度」により、国民が死刑を含む量刑の判断をしなくてはならない今、死刑制度についての正しい知識が必要である。事件と裁判を通して、死刑とその制度を問う。

20世紀最大の謎　三億円事件
別冊宝島編集部 編

事件後40年、時効を遥かに過ぎた今もなお日本人の記憶に鮮明に残っている「三億円事件」を、あらゆる角度から総括、解明した。再び問う、なぜ犯人は捕まらなかったのか!?

セックス格差社会
門倉貴史

「貧乏人の子だくさん」は昔の話だった！　所得格差が現代人の性的な領域をどのように破壊しているかを浮き彫りにする。当たり前にセックスができない時代の驚くべき実態とは!?